初中数学单元项目化学习的设计与实施

陈磊　管敏琦／主编

广西师范大学出版社

·桂林·

图书在版编目(CIP)数据

初中数学单元项目化学习的设计与实施/陈磊,管敏琦主编. -- 桂林:广西师范大学出版社,2024.7.

ISBN 978-7-5598-7154-1

Ⅰ. G633.602

中国国家版本馆 CIP 数据核字第 2024NF7607 号

初中数学单元项目化学习的设计与实施

CHUZHONG SHUXUE DANYUAN XIANGMUHUA XUEXI DE SHEJI YU SHISHI

出 品 人:刘广汉

责任编辑:吕解颐

装帧设计:李婷婷

广西师范大学出版社出版发行

(广西桂林市五里店路 9 号　　　　邮政编码:541004)
(网址:http://www.bbtpress.com)

出版人:黄轩庄

全国新华书店经销

销售热线:021-65200318　021-31260822-898

山东韵杰文化科技有限公司印刷

(山东省淄博市桓台县桓台大道西首　邮政编码:256401)

开本:690 mm×960 mm　　1/16

印张:17.75　　　　　字数:270 千

2024 年 7 月第 1 版　　2024 年 7 月第 1 次印刷

定价:68.00 元

如发现印装质量问题,影响阅读,请与出版社发行部门联系调换。

本书编写人员

主　编：陈　磊　管敏琦

编　者：（按姓氏笔画排列）

　　　　李　佼　杨　晖　杨晓韵

　　　　金　奕　郑　洁　顾跃平

　　　　高东浩

序　言

　　随着《义务教育数学课程标准（2022年版）》的出台，越来越多初中数学教师面临"双新"背景下课堂教学方式变革的挑战——初中数学单元项目化学习的设计与实施。本书立足于以项目为载体发展学生核心素养，以提升一线教师的项目开发与设计能力、项目化学习与单元教学的整合能力、项目反思与改进能力等为抓手，抛砖引玉，希望通过我们的实践与思考为在一线开展项目化学习的新手教师提供借鉴与指导。

　　2021年7月，上海市黄浦区首次与"初中数学项目化学习课堂转型"结缘，在区域内选择了八所试点校，试点校的部分骨干教师作为最初的项目核心组成员，先在各自学校推进。项目核心组在北京师范大学綦春霞研究团队的指导下，细化每一个项目的设计，形成了我区特有的操作方式：（1）项目核心组成员撰写项目规划表，参与竞标项目；（2）由教研员与组员共同确定选题；（3）开发者根据设计要素撰写项目实施方案；（4）针对主要活动形成的教案进行备课磨课；（5）试讲，再次备课磨教案；（6）正式课；（7）反思讨论，形成改进方案。整个过程中，我们会对试讲及正式课进行录像，注重过程性资料的积累，不断完善项目化学习，进行方案优化。初始阶段我们尝试了将整章的内容都纳入一个项目中，但通过实践发现，过于强调知识的完整性往往会破坏项目任务的内在逻辑性，所以我们通过行动研究，尝试开发了更灵活的"微项目"。

　　从2022年开始，项目化学习核心组成员由初期不到十位，逐步向区域内各所学校推广，实现了以点带面。目前，全区几乎所有学校都有教师参与项目化学习的开发、上课或征文投稿等活动，以项目化学习为主题的各年级的教研活动也成为常态。随着研究的深入，越来越多的教师感受到单元项目化学习对转变课堂教学方式所起的积极作用，研究队伍不断壮大，思考的深度也不断增加，依据项目特征与各校学情开发了各类项目实践活动。

本书倡导学生核心素养导向下的"项目化学习"与"单元教学"相结合，提升课堂的可操作性，形成上海市黄浦区特色的"项目化学习"研究成果。

本书分为《理论篇》《实践篇》和《反思篇》：《理论篇》从研究背景、文献综述、研究方法和内容、基本认识、项目设计方法、项目实施方法六方面展开论述，旨在为教师提炼"项目化学习"的设计与实施方法，形成要点，辨析误区，同时为《实践篇》中的案例提供规范模板，指导相关案例的修改；《实践篇》立足《理论篇》中阐述的规程，收录了我区一线教师近三年来在核心素养导向下实践"项目化学习"时开发的丰富案例，每个案例都经过课堂实践，鲜活可行；《反思篇》中凝聚了教师实施"项目化学习"后的智慧、思考和感悟。

本书编写分工如下：

《理论篇》第一章"研究背景"、第二章"文献综述"由上海市尚文中学管敏琦、上海市大同初级中学杨晖共同撰写；

第三章"研究方法和内容"、第四章"基本认识"由上海市尚文中学管敏琦撰写；

第五章"项目设计方法"由上海市格致初级中学杨晓韵、金奕及上海市卢湾中学李佼共同撰写；

第六章"项目实施方法"由上海市尚文中学郑洁、上海市大同初级中学高东浩共同撰写；

《实践篇》各案例由我区各项目主要开发者撰写。

最后，诚挚感谢为本书提供翔实案例的一线教师、各位作者，以及出版社的编辑为本书的出版所贡献的智慧和付出的辛勤劳动！

上海市黄浦区初中数学项目化学习研究组

2023 年 9 月

目　录

理论篇

实践篇

反思篇

理 论 篇 |

第一章 研究背景

一、历史沿革

项目化教育最早的实践是在 16 世纪晚期的意大利建筑学教育和工程学教育运动中。"项目"一词最早由克伯屈在其著作《项目（设计）教学法：在教育过程中有目的活动的应用》中提出。项目（设计）教学方法最早出现于美国，20 世纪 30 年代被引入欧洲，美国的巴罗斯教授于 1969 年首次提出"项目化学习"的概念，美国的教育家对其进行了深入的研究，使得它的含义和有关概念变得越来越清晰并在实际中得到了应用。美国的坎布尔学习中心和伯曼的项目导向学习等各有特色，并各自发展出一套比较完善的项目化导向学习模式。美国巴克教育研究所（Buck Institute for Education）在 2008 年发布《项目学习教师指南——21 世纪的中学教学法》一书，为老师归纳了专题学习的具体实施过程，并给出了若干具有代表性的项目化学习案例，为教师开展项目研究提供了有力的借鉴。

2020 年 9 月，上海市教育委员会出台了关于印发《上海市义务教育项目化学习三年行动计划（2020—2022 年）》的通知。通知指出，上海市将深化项目化学习的实践和探索，以项目化学习的实践和研究为着力点，以活动项目、学科项目、跨学科项目为载体，来培养"创造性问题解决能力"①。如图 1-1

---

① 王晓红，刘亚静，郭力娜. 基于项目创新的 GIS 人才培养模式研究［J］. 科教导刊（上旬刊），2018（10）：25-26.

所示。

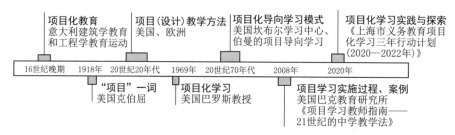

图 1-1　"项目化学习"发展历史

　　"大单元教学"的概念起源于欧美 19 世纪后期的"新教育运动",德可乐利提出了"以单元为整体"的概念,按照知识的内在联系将全部教材分成若干单元,以单元为单位进行通盘考虑。随后,杜威的弟子克伯屈提出了单元教学的具体实施方法,并提倡废除课本,废除分科,打破常规,让学生自己去学,这是单元教学发展的一个重要标志。①布鲁姆在 20 世纪 60 年代提出"掌握学习"的概念,并通过检测来评估教学效果,这是第一次提出了以评价促进教学的单元设计。②20 世纪 90 年代,弗雷齐与鲁德尼茨等人提出了"整体教学法",他们认为单元教学的终极目的就是促进主体认知结构的形成,这种教学方式的意义是帮助学生获取更深层次的知识。③在此以后,单元教学理论的体系逐渐完善并走向成熟。

　　2018 年,上海市教育委员会教学研究室主编的《初中数学单元教学设计指南》(以下简称《单元指南》)一书出版,针对数学课程在理念与实践之间存在落差、数学教学内容需要结构化再组织和再加工及数学教学设计的过程与方法有待系统化改进的问题,从规划建议、教材教法分析、教

　　① European Commission, the Members States within the Education and Training 2010 Work Programme. Key competences for lifelong learning-European reference framework [R]. Luxembourg: Office for Official Publications of the European Communities, 2006.

　　② 刘飞. 语文核心素养与课堂教学实践 [M]. 南京:南京大学出版社, 2019 (11):3-24.

　　③ 吕世虎,吴振英,杨婷,王尚志. 单元教学设计及其对促进数学教师专业发展的作用 [J]. 数学教育学报, 2016, 25 (5):16-21.

学目标、学习活动、作业设计、评价设计、资源设计等方面对单元教学涉及的主干内容设计进行指导，并建议加强单元教学实践研究，使设计与实践能有效交互。①

《义务教育数学课程标准（2022年版）》（以下简称《课标（2022）》）提倡丰富教学方式，探索大单元教学。数学大单元教学设计要着眼于"大"字，基于核心素养并通过分析教学内容、课标、学情和教学方式来确立大单元的大主题或者大概念，以大主题或者大概念为统领进行教学设计。②这种设计使知识的联系更加紧密，具有系统性、循序渐进性的特征，更加符合新时代我国对人才培养的要求。如图1-2所示。

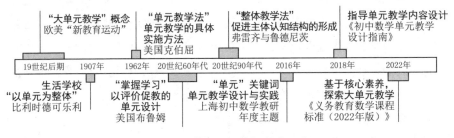

图1-2 "单元教学"发展历史

项目化学习源自美国教育家杜威倡导的"做中学"，由克伯屈的设计教学法发展而来。设计教学法又称单元教学法，由儿童根据自己的兴趣决定学习内容，在自己设计、自己负责的单元活动中获得有关知识和解决实际问题的能力，可见先驱们的研究中已有将项目化学习与单元教学相结合的雏形。本研究亦是探究单元视域下的项目化学习，以改变学科教学方式为目的，对单元内容进行重整并与项目设计相融合，最后以项目化学习的方式进行教学实践。

---

① 上海市教育委员会教学研究室. 初中数学单元教学设计指南［M］. 北京：人民教育出版社，2018（7）：3-5.

② 吕世虎，杨婷，吴振英. 数学单元教学设计的内涵、特征以及基本操作步骤［J］. 当代教育与文化，2016，8（4）：41-46.

二、 针对问题

"初中数学单元项目化学习的设计与实施"研究以《课标（2022）》为理论依据，主要针对以下三方面的数学教学问题：

1. 体现育人价值，培养学生数学核心素养

《课标（2022）》确立了核心素养导向的课程目标，以学生发展为本，进一步强调学生在掌握数学基础知识、基本技能、基本思想和基本活动经验的基础上，能够根据现实问题的需要，发展运用数学知识与发现、提出、分析和解决问题的能力。数学学科核心素养是具有数学特征的思维品质、关键能力以及情感、态度与价值观的综合体现。数学课程要培养的核心素养主要包括"会用数学的眼光观察现实世界，会用数学的思维思考现实世界，会用数学的语言表达现实世界"。在初中阶段，数学学科核心素养主要表现为抽象能力、运算能力、几何直观、空间观念、推理能力、数据观念、模型观念、应用意识和创新意识。[①]

在初中数学教学中实施项目化学习对学生核心素养的培养具有重要意义：将现实问题转化为数学问题的过程有助于培养学生的抽象思维与模型观念；引导学生用数学方法对搜集的数据进行整理分析，可以提升学生的数学运算能力和数据意识；数学项目中真实复杂的问题情境能够锻炼学生的推理能力和应用意识；创造产品的过程则可以提升学生的动手能力，培养直观想象能力和创新意识。

2. 完善课程内容，以项目化学习推进综合学习

随着课改的推进，项目化学习的地位越来越重要。在课程内容综合与实践中，《课标（2022）》提出了"项目化学习"一词："综合与实践以培养学生综合运用所学知识和方法解决实际问题的能力为目标，根据不同学段学生的特点，以跨学科主题学习为主，适当采用主题式学习和项目化学习的方式，

---

① 中华人民共和国教育部. 义务教育数学课程标准（2022 年版）［M］. 北京：北京师范大学出版社，2022（4）：5－7.

设计情境真实、较为复杂的问题，引导学生综合运用数学学科和跨学科的知识解决问题。"① 这阐明了项目化学习的实践路径。

学生需要经历项目化学习的全过程，而项目化学习的关键是发掘合适的项目。教师在设计过程中要关注项目素材是否贴近学生的生活现实、数学和其他学科学习的现实，学生是否能够提出问题并解决问题，学生在问题解决过程中是否能提升核心素养，这使得项目化学习的设计成为数学教学改革的一项新课题。项目化学习的开展可以课堂教学为主阵地，以数学探究、课后服务等活动为学习契机，学生在教师的引导下合理分工，小组合作，自主探究，充分发挥学习的主动性和主体性，并在问题解决的过程中发展"三会"的数学核心素养。

3. 转变教学方式，重视单元整体教学设计

《单元指南》指出：单元教学需要把握关系结构，明确单元教学设计各关键环节的价值；采用流程规格，凸显单元教学设计的规范与指导作用；推动教学改进，不断深化以单元教学设计为载体的学科教研。

采用单元教学不仅有利于教师对教学的合理安排和学生的知识系统化，也有利于教学手段的多样化和核心素养的培养。《课标（2022）》提倡改变过于注重以课时为单位的教学设计，推进单元整体教学设计。单元整体教学要整体分析数学内容本质和学生认知规律，合理整合教学内容，分析主题—单元—课时的数学知识和核心素养主要表现，确定单元教学目标并落实到教学活动各个环节，整体设计，分步实施，逐步培养学生的核心素养。

针对以上问题，通过单元项目化学习设计和实施的研究，希望达成两个目标：

（1）规范初中数学单元项目化学习设计各环节的流程，为教师提供具体、明确的操作路径指导，引导更多学校和一线教师开展单元项目化学习实践，有效促进数学教学方式的变革；

（2）加强对初中数学教材及教学内容的结构化研究，促进教学改进，为沪

① 中华人民共和国教育部. 义务教育数学课程标准（2022 年版）［M］. 北京：北京师范大学出版社，2022（4）：16.

教版初中数学新教材的落地做好准备，将课程理念有效地转化为基于单元的项目化学习。

三、研究价值

单元项目化学习设计与实施是"双新"背景下数学教学方式改革阶段非常值得开展研究与实践的项目。一方面，随着新课标的颁布，数学教学不仅要坚持贯彻"学生发展为本"的基本理念，还要进一步关注学科的育人价值，发展学生的学科核心素养；另一方面，在数学教学方式转型的过程中，推进单元项目化学习，有利于让广大数学教师进一步在"如何让学生主动学习，在做中学"等方面深化实践，并在此过程中提升本体知识技能与专业素养。

通过对单元项目化学习的设计和实践经验进行凝练，本书建构了项目化学习设计的基本框架和关键维度，规范了项目化学习的设计流程，提供了具有针对性的初中数学项目化学习设计建议和实施举措。本书在实践探索的基础上给出了符合上海市黄浦区学情的项目化学习设计案例，并结合理论框架和实施效果对案例进行了详细的分析，望能给广大教育研究和实践工作者提供参考。

第二章 文献综述

一、 概念溯源

1. 项目化学习

项目化学习全称为基于项目的学习（Project-Based Learning，简称为项目化学习），其最先被美国巴克教育研究所定义为一套系统的教学方法，即项目化学习是学生通过完成与真实生活密切相关的项目进行学习，是一种充分选择和利用最优化的学习资源，在实践体验、内化吸收、搜索创新中获得较为完整而具体的知识，形成专门的技能并获得发展的实践活动。

国内学者刘景福等认为项目化学习是以学科的概念和原理为中心，以制作作品并将作品推销给客户为目的，在真实世界中借助多种资源开展探究活动，并在一定时间内解决一系列相互关联着的问题的一种新型的探究性学习模式。[①]

上海师范大学教育学者黎加厚提出，项目化学习是以学生为主体在发现问题、调查问题、解决问题的过程中感悟和学习项目化学习的核心原理和概念，从而构建起自己的知识结构，并且能把所掌握的知识应用到实际

---

① 刘景福，钟志贤. 基于项目的学习（项目化学习）模式研究［J］. 外国教育研究，2002（11）：18－22.

生活中去。①

　　上海教育科学研究院学习素养课程研究所所长夏雪梅及其研究团队通过三年多对项目化学习的实践探索，给出了学习素养视角下项目化学习的界定："学生在一段时间内对于学科或跨学科有关的驱动性问题进行深入持续地探索，在调动所有知识、能力、品质等创造性地解决新问题、形成公开成果中，形成对核心知识和学习历程的深刻理解，能够在新情境中进行迁移。"②

　　对于项目化学习的内涵，尽管很多学者有不同的表述，但总体上都聚焦于"驱动问题""探究活动""作品展示"等关键特征。

　　2. 单元教学

　　单元教学是指以特定的大主题或者大任务为中心，对学习内容进行分析、重组、整合和开发，依据课程标准和教材，制订学习计划，提升问题解决的思维水平与培养探究精神的教学模式，这也是"整合认识目标、情感目标和技能目标等三类学习目标的有效教学方式"。③

　　数学学科是具备极强系统性的特殊学科，多数数学教师会基于自身经验，结合内容的视角分析与论述"单元"，侧重于"教材单元"。而在教学进程中，不仅可参考教材的基本结构，将一章中的多个小节视为一个单元，也可适度进行内容补充，建立新单元。

二、　研究现状

　　1. 项目化学习的研究现状

　　（1）国外研究现状

　　追溯项目化学习的起源，它与杜威"做中学"的教育理念和世界工业发展对教育发展的影响密不可分。学习活动是我们参与社会活动的一种重要方

---

　　① 黎加厚. 信息化课程设计：Moodle 信息化学习环境的创设［M］. 上海：华东师范大学出版社，2007.

　　② 夏雪梅. 项目化学习设计：学习素养视角下的国际与本土实践［M］. 北京：教育科学出版社，2018：10.

　　③ 肖平. 基于主题教学的教学设计应用研究［D］. 上海：华东师范大学，2006：8.

式，它受到社会文化和活动经验的影响。基于现实环境问题的学习就是项目
化学习的基石，国外对于项目化学习的研究也是从基于问题的学习开始的。

克伯屈是第一位提出项目化学习概念的学者。他设计了四类项目化学习
模型：第一类是以制作产品为目的，而产品不一定是实物；第二类是享受生
活，诸如聆听一场音乐会或者是欣赏某个作品；第三类则是以解决问题为主
要目的，例如探讨如何处理复杂问题；第四类是以得到知识、培养技能为主
要目的，例如射击等。而这也是项目化学习的教学首次被形式化。[1]基于该思
想开展分析能够发现，克伯屈提出项目化学习的目的即解决实际问题。

美国巴克教育研究所围绕项目化学习的教学开展了针对性的专项分析，
率先在网络渠道为有需求的教师提供教学模式的实践指引，着手开发配套的
项目化学习课程以及教学资料。该所撰写了《项目学习教师指南》，这本书从
如何设计和管理项目化学习入手，制定了项目化学习的设计原则和标准，使
得教师能够通过此书获取优秀的教学经验并加以利用。

康利弗对 2000—2017 年之间出现的相关文献进行了综述，主要介绍了项
目化学习的基本原则、项目化学习在美国基础教学中的应用情况与学校在应
用项目化学习过程中遇到的难题，同时分地区和分学校地对项目化学习实施
后带来的实践效果与贡献做出小结。[2]

（2）国内研究现状

宋华明为项目化学习给出了较为详尽的定义，并认为支架式教学与其最
为相似，总结出了项目化学习的框架，其中包括：了解学生；"支架问题"设
置；全方位多角度项目评价；在学校、学生、家长以及社区共同参与下推动
项目进行以及必要时在过程中进行有效指导；等等。[3]

薛红霞总结了项目化学习的典型特点，即在开始阶段充分考虑结果，通

① 戴啸天. 基于项目化学习的大单元设计与实验研究——以"图形的运动"为例 [D]. 上海：上海师范大学，2022：5 - 6.

② Condliffe B. Project-Based Learning：A Literature Review. Working Paper [J]. MDRC，2017（10）：1 - 84.

③ 宋华明. "项目学习"在初中数学教学中的实施与探索 [J]. 教育理论与实践，2015，35（20）：51 - 52.

过一个个的问题或者任务来驱动学生的学习,通过对实际中存在的对象进行研究学习提升学习意义,引导学生的学习过程和学习方向,使成果具有时效性。同时,她还指出项目化学习不适用于基本技能,如阅读、计算等能力的教学。①

王瑞霖等提出将项目化学习方式用于数学教学内容中,并提出与社会融合的策略,包括:项目以内容、知识点为根基,以团队学习探讨为主。同时注重学生个人价值体现,注重开展结果及学习过程的评价,关注学生的社会化成长。同时以一个实际的课题作为案例实践,分别从项目的主线、知识和技能方面、团队活动的价值方面、个体价值方面、学习成果方面以及社会化成长方面的成果中进行了多方位的解读。②

夏涛等提出了在中小学数学教学中开展项目化学习的实施步骤,主要有选定主题和分组分工、项目设计和规划整理、操作引导和成果展示、结果评价和反思总结。③

李洪忠提出了采用项目化学习对高中数学进行核心素养培养的策略:通过讲解数学基础知识和数学思想,培育学生的数学学科观念;为学生设计开展项目化学习的外在环境和条件,把教学内容分成一个个的小型项目,提升学生探究知识的自信心;通过对学生开展数学建模的培养和指导,提升学生的思维探究能力;通过策划、组织、参与各种不同类型的数学活动,加强学生之间的交流,培养学生的分析及探究能力。④

2. 单元教学的研究现状

刘徽等在文献中指出单元教学设计中的目标设计是重中之重,过高或者

---

① 薛红霞. PBL 数学项目化实验教材的编写与实践 [J]. 教育理论与实践, 2016, 36 (8): 42-44.

② 王瑞霖, 张歆祺, 刘颖. 搭建课堂与社会的桥梁: 社会性数学项目学习研究 [J]. 数学通报, 2016 (10): 25-28, 32.

③ 夏涛, 罗祖兵. 项目学习——中小学数学教学的应然选择 [J]. 现代教育科学 (普教研究), 2011 (6): 102-104.

④ 李洪忠. 基于数学核心素养培育的项目化学习研究 [J]. 中国教育学刊, 2019 (12): 76-78.

过低的目标设定都会落实不了。其在论文中对单元目标撰写进行了论述：首先把单元目标设定为预期的学习结果；其次结合具体的课程内容对目标细化，配套具体的单元目标；根据学科课程标准的要求，依据学生的实际情况和发展需求，结合教学内容的特点来确定大单元。①

羌达勋在文献中总结了数学单元教学的内涵：从整体性出发，把教材内容中关联性强、有较多共同特征的内容整合重组成一个单元进行学习，达到整体学习大于片段学习的效果，并指出数学单元教学具有大观念、大主题、大单元的特征。②

熊梅等认为单元设计对应课堂转型具有非常重要的意义，具体的单元课程开发包括单元的设计、实施、评价和改进四个要素。单元学习的设计应具有情境性、整体性、有序性、活动性和深度性等特征。③

吕世虎等在文献中论述了单元教学的起源，揭示了数学单元教学的内涵，其内容是基于提升学生数学核心素养的视角，利用整体思维的理念对教学内容进行重组优化，从而形成独立的教学单元，这样一来单元内知识间的关联性就会凸显。同时，对教学单元进行整体循环改进，达成动态教学的设计。④

三、 研究述评

关于初中阶段的项目化学习研究较少，通过文献检索，以项目化学习应用于初中数学教学为主题的文献不多，仅有54篇，其中期刊3篇，硕士学位论文7篇。我国对项目化学习研究较晚，应用于初中数学教学的时间就更短，因此文献总量并不可观。

① 刘徽，蔡潇，李燕，朱德江. 素养导向：大概念与大概念教学 [J]. 上海教育科研，2022（1）：5-11.

② 羌达勋. 数学单元教学中学材再构建的途径 [J]. 教学与管理，2020（4）：44-47.

③ 熊梅，董雪娇，孙振涛. 学科核心素养视角下的小学数学大单元设计 [J]. 教学与管理，2019（35）：57-59.

④ 吕世虎，杨婷，吴振英. 数学单元教学设计的内涵、特征以及基本操作步骤 [J]. 当代教育与文化，2016，8（4）：41-46.

项目化学习的首要任务是设计教学环节，把以学科为逻辑主题的课程内容向以项目为内在逻辑的教学设计系统转化，进而实施完整且合理的课程教学。①现今的项目化学习往往聚焦于如何将项目情境与教学主题相融合，如何创设合理的驱动任务，故研究成果多是应用于学科教学、跨学科教学、综合实践活动等方面；以改变学科教学方式为目的的项目化学习研究甚少，从单元的维度进行项目化学习的研究更为少见。

研究初中数学单元项目化学习，对丰富国内项目化学习设计的案例，构建基于项目化学习提升学生核心素养的教学策略具有重要意义。

四、 研究团队与启迪

梳理有关数学项目化学习的文献，我们发现，项目化学习是以问题解决为目的、以自主建构式学习为方式，实现学科内、跨学科或超越学科的分工合作、展示交流的学习活动。

克伯屈在项目化学习的广义定义中提出其是一种深层次学习，适用于任何时间、任何学科，包括各种形式的活动和学习。美国的教育先驱指出项目化学习不仅能够用于对现实生活问题的解答或探索，而且可以培养学习者动手能力之外的其他能力。②国内学者认为项目化学习是一种以学习者为中心的学习模式，以建构主义学习理论为基础，具有五大特征：（1）项目化学习内容与学生生活联系紧密；（2）注重不同类型知识的整合；（3）强调学习的实证性；（4）鼓励团体协作，发挥学习共同体的作用；（5）认真评估每一位学生。③落实到具体的教学实践时，项目化学习又体现出崇尚个性化学习、提倡团队式学习、尝试联系性学习、鼓励创造性学习等特征。④

各研究者从不同侧重点切入，已经有了很多有价值的理论研究成果，实

---

① 夏雪梅. 项目化学习的中国建构需要什么 [J]. 教育家，2022（7）：9 - 11.

② 刘育东. 国外项目学习的历史沿革及发展趋势 [J]. 教育理论与实践，2019，39（19）：62.

③ 余瑶. 项目学习的特征及教学价值 [J]. 教师教育论坛，2017（10）：55 - 58.

④ 周振宇. 项目学习：内涵、特征与意义 [J]. 江苏教育研究，2019（10）：40 - 43.

践案例近几年也逐渐成熟丰富。很多研究者开始以团队的形式开展合作研究，形成了不同的流派。本研究中所借鉴的流派从学科依据上可分为两大类：一类是打破学科边界的项目化学习研究，如巴克及美国巴克教育研究所、上海夏雪梅研究团队；另一类是基于数学学科的项目化学习研究，如山西薛红霞研究团队、北师大綦春霞研究团队等。

（1）巴克及美国巴克教育研究所

巴克曾提出："项目化学习要以课程标准为基础，最精湛的教学艺术，遵循的最高准则就是学生专家提出问题，自觉学习。"①国际上对项目化学习研究比较权威的是美国巴克教育研究所，其致力于在全球普及和推广项目化学习，帮助学生掌握能更好适应未来社会发展的素养。该研究所所著的《项目学习教师指南》是一本被广泛使用的项目化学习方法指南，为培养中学生综合素质提供了一套可操作的方法。

（2）上海夏雪梅研究团队

上海学习素养课程研究所所长夏雪梅认为：项目化学习秉持的学习理念是学生的学习在经历和解决真实世界的问题中最容易发生。其团队提出：项目化学习是为了心智的自由，学生要尝试去创造有价值观支撑的项目。项目化学习要让我们的学生关注真实的世界，不仅仅是为了深度理解和掌握概念，不仅仅是为了锻炼思维能力，同时也是为了敬畏自然与生命，理解何为社会责任。②夏雪梅将项目化学习按照所覆盖学科领域的范围分为课堂内外的微项目化学习、学科的项目化学习、跨学科的项目化学习、超学科的项目化学习等四种类型。这些类型的项目化学习以关键的概念、能力作为载体，对重要问题解决中的知识获取和学生灵活的心智习惯进行培育，如将问题解决、创造性思维、批判性思维等结合起来，让学生经历智力上的挑战，让他们进行深度思考。③

---

① 贾晓凤，王晓睿. 基于自主探究模式的《工程制图》课程改革研究［J］. 广州化工，2010，38（7）：231-232，236.

② 夏雪梅. 项目式学习的实施：学习素养视角下的中国建构［M］. 北京：教育科学出版社，2020：2-3.

③ 周振宇. 项目学习——基于学校的行走［M］. 南京：江苏凤凰科学技术出版社，2020（7）：12-13.

（3）山西薛红霞研究团队

山西省是全国较早研究数学项目化学习的省份，以薛红霞老师领衔的团队研究的项目化学习始于 2012 年年底，定位是"基于课标""依托教材""习得性""常态化"。①针对项目化学习开展过程中存在的困难，山西省探索出行之有效的"事理—学科—项目三级设计法"和"整体—细节—整体三步实施法"。前者包括如下三级：第一级，按照完整做事的道理搭建项目化学习的框架，让项目设计顺利起步；第二级，用学科教学理论具化项目设计的教学环节；第三级，用项目化学习理论细化项目设计。后者包括如下三步：第一步，以终为始启动项目，用时间轴辅助把控项目实施过程；第二步，评价先行，细化问题和支架，确保项目实施中学科教学的质量；第三步，产品发布，在完整做事中达成学科育人目标。②

（4）北师大綦春霞研究团队

北京师范大学（以下简称北师大）教育学院綦春霞教授及其团队指出：数学项目化课程是以项目活动为外显组织形式，以知识发展和能力培养为内在要求的学习资源。其基本特征是：以核心概念为载体设计项目主题；以任务推进为明线、知识发展为暗线；注重情境代入，给学生参与提供真实环境；关注数学学习的过程性及活动经验的积累。③在北师大"指向核心素养的项目化学习区域整体改革"项目引领下，綦教授研究团队携手全国五个实验区的数学团队，开展为期三年的初中数学项目化学习的设计与实践研究。

通过梳理以上四个专家团队或流派的观点，笔者从不同维度进行分析比较，博采众长，为形成具有自己特色的研究观点打下理论基础，见表 2-1。

通过对各团队研究成果的梳理、分析和比较，笔者获得了不少启迪与灵感，并在此基础上创新了一些教育举措，详见整理的本研究借鉴点与举措表。

① 薛红霞，吴素荣，肖增英. 常态实施项目化学习，推课改纵深发展［J］. 教育，2020（5）：77-80.

② 薛红霞. 一体化设计与实施：破解项目化学习的实践误区［J］. 中小学管理，2022（6）：37-40.

③ 何声清，綦春霞. 数学项目式课程资源开发的理论与实践［J］. 中小学教师培训，2017（10）：41-45.

表 2-2 中提到的具体举措会在后续章节中进一步阐述展现。

表 2-1　各团队研究成果分析表

团队	维　度				
	特色优势	教学策略	成果或经典案例	存在问题或不足	启迪
巴克及美国巴克教育研究所	致力于推广项目化学习三十余年，历史悠久，理论丰富，是后续不同团队进行研究的理论依据	通过创设真实的问题情境，驱动问题与挑战问题并进，引发学生深入思考与主动研究解决问题	《项目学习教师指南》	由于中美教育理念、学情等差异，理论和实践案例需要进行本土化的二次加工	项目化学习的七条黄金评价标准，项目化学习评价的理论依据
上海夏雪梅研究团队	通过不同类型的项目带给学生在不同领域、课程的多样创造性体验，强调对学生人生观、价值观的引导	为学生创造动手操作的机会，强调"做和表现"的制作表现类成果，强调"说和写"的解释说明类成果①	《项目化学习的实施：学习素养视角下的中国建构》	项目化学习如何更具普适性，如何体现分层，值得进一步思考	开发具有正确价值观的项目，造福社会，让学生像学科专家、设计专家、领域专家一样思考
山西薛红霞研究团队	在国内较早投入数学项目化学习全面研究，整合多种教育资源，整体推进课程体系建设，构建了基于课标的常态化项目化学习新模式②	一体化的设计与实施，两大类教学策略实施路径：将完整的事拆分、细化为子项目（任务）；能知道从哪个角度推进事情的进展	山西项目化学习品牌相关成果案例	实施中存在一些困难，如：一线教师在项目、实施、评价上存在的偏差	"事理—学科—项目三级设计法"和"整体—细节—整体三步实施法"，为项目化学习本土化提供严密的理论体系

---

① 蒋健.项目化学习与陶行知"六大解放"理念融入教学之思［J］.辽宁教育，2022（9）：25－28.

② 余瑶.项目学习的特征及教学价值［J］.教师教育论坛，2017（10）：55－58.

（续表）

团队	维　度				
	特色优势	教学策略	成果或经典案例	存在问题或不足	启迪
北师大綦春霞研究团队	将数学项目化课程与教材融为一体，作为日常数学教学的辅助性素材；开展项目化课程试点并形成一套系统的项目化数学教材	学习应当是一个活泼、主动和富有个性的过程；故事线（项目做事）与知识线（数学本体）有机结合，相辅相成	初中数学各年级的"项目化课程资源"主题相关开发与实施案例	项目化数学教材很难做到全覆盖；有些项目开发难度大，难以兼顾项目味和数学味	项目设计的上位逻辑清晰，对教师的操作性和指导性强；学生可通过做项目提升数学学科素养，发展思维品质

备注：1.存在问题：流派观点是在结合文献、访谈、实践案例观看等形式以及团队教学实践得出的，有思维局限性；2.启迪：各团队理论和实践成果给予本研究的思路指导。

表2-2　基于各团队研究成果的借鉴点与举措表

团　队	借鉴点（或创新点）	具体举措
巴克及美国巴克教育研究所	评价方式	1.开发评价量表，评价方式多样化，全过程评价，关注学生数学学科素养的发展
上海夏雪梅研究团队	选题理念	2.选择并开发具有正确价值观、与社会生活紧密联系的项目
山西薛红霞研究团队	开发策略	3.指向项目设计核心——驱动子问题设计，参考其任务设计、问题设计的基本策略
北师大綦春霞研究团队	设计理念设计要素	4.将"故事线（项目做事）与知识线（数学本体）有机结合，相辅相成"的设计理念融入单元项目化教学 5.每个项目在实施前、中、后期，都需完善项目化教学案例设计要素（详见后续章节），涵盖任务设计、问题设计、活动设计、评价设计等方面

第三章　研究方法和内容

一、研究方法

1.文献研究法

文献研究法主要指搜集、鉴别、整理文献，并通过对文献的研究形成对事实的科学认识的方法。

本研究通过查阅国内外各种流派对项目化学习的已有研究成果，对其优劣列表分析、对比、归纳，海纳百川，取长补短，采用观察列表、异同对比等文献研究手段，总结出初中数学单元项目化学习的研究内容和方向。前期的文献研究法为我们的研究与后续实施奠定了良好的理论基础。

2.行动研究法

行动研究法包括案例研究及行动研究两方面。

（1）案例研究

案例研究指开发与完善案例的研究过程，包括长项目的案例、微项目的案例。对于每个案例，我们都会经历"集体备课—试讲磨课—二次集体备课—核心组成员精备课—二次试讲—改进反思—正式课—听课评课—积累经验再完善"的过程。

项目起始阶段，每学期集中力量开发两个涵盖整个单元学习内容的项目化学习案例，然后让有开发与实施经验的教师协助新进入项目的教师一起开发新的项目，项目类型也从涵盖整个单元学习内容的项目化学习案例，逐步拓展到涉及单元某部分内容的微项目化学习案例，让越来越多新加入项目组的教师也成为项目化学习的开发者、实践者、反思者。从研究的第二年起，案例研究法更是在区域内由点到面覆盖推进。在此过程中，也开发出了有特色、操作性强的案例，这些案例凝聚了一线教师的智慧结晶。

（2）行动研究

在确立了研究方向后，首先建立核心组，确定试点校。从核心组成员选择的主题中竞标项目主题，采用"试教—核心组磨课—正式课"、反思改进形成成果的组织架构过程（图 3-1）。采用边实践、边反思、边改善的方法推进研究逐步深入。第二年又尝试在原设计思路的基础上开发了部分占用课时较少、实施更为灵活的微项目。

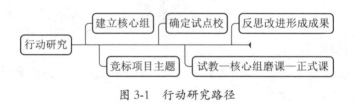

图 3-1 行动研究路径

二、 研究内容

1. 对初中数学单元项目化学习的基本认识

本研究对初中数学单元项目化学习的相关概念进行了界定，明确基本认识，包括数学项目化学习、数学单元教学、核心素养、初中数学项目化学习的基本特征等，为后续研究打下基础。

2. 研究初中数学单元项目化学习的设计方法

项目化学习是发展学生核心素养的有效载体。学生在完成项目任务的过程中不断发现问题，提出问题，分析问题，解决问题，积累宝贵的活动经验，发展核心素养。

本研究主要通过项目化学习的教学实践，从发展学生核心素养的角度审视目标、活动、评价等重要环节，归纳单元项目化学习的设计要素与设计要点，通过选择主题、任务拆解、活动设计、问题设计、评价设计等环节，逐步落实、优化、改进、规范初中数学单元项目化学习设计各环节流程，实现教学新方式的落地。

3. 研究初中数学单元项目化学习的实施方法

学生通过项目化学习获得的经验与成果有时会与单元目标中的知识结构、认知水平、过程方法不同，为了将项目化学习的学习方式融入日常教学，探寻两者之间的新融合方式至关重要。

本研究加强对初中数学教材及其教学内容的结构化研究，遵循关注活动体验、立足本体知识、统整单元结构的原则，从单元匹配、目标比较、整体规划等方面研究项目实施方法，探寻项目化学习与单元教学的整合新方式。

第四章　基本认识

一、初中数学单元项目化学习的基本认识

1. 数学项目化学习

《课标（2022）》指出：初中阶段综合与实践领域，可采用项目化学习的方式，以问题解决为导向，整合数学与其他学科的知识和思想方法，让学生从数学的角度观察与分析、思考与表达、解决与阐释社会生活及科学技术中遇到的现实问题。数学项目化学习改变了日常课堂教学方式，在完成任务的过程中学习知识，是《课标（2022）》"综合与实践"的补充与深化；让学生体会在做中学，通过完成任务链、问题链，自然而然地学会数学本体知识，体现了育人价值，一切以培养学生核心素养为本。

本研究中的初中数学项目化学习是指学生在解决真实、较复杂问题进程中进行数学学习的过程，是以提升学生核心素养为导向，以探索项目化学习与单元教学合理有效整合的方式为切入点，通过任务分解、问题驱动、活动设计，逐步形成问题解决方案与项目成果的过程。

2. 数学单元教学

单元是基于一定的目标和内容所构成的学习模块，由若干具有内在联系的课时所组成。数学单元教学是教师依据《课标（2022）》，通过对课本或学习材料的解读，将内容进行合理编排，构成符合学生实际学习需求和学习特

点的一个教学单元。①一般而言，本研究中提及的教学单元，一般是将沪教版课本中的某一章或知识关联度较大的若干章节作为一个单元，根据项目内容将不同章节中的部分内容重新组成一个单元。

3. 核心素养

本研究中的核心素养包含义务教育阶段数学核心素养与其他核心素养。

数学核心素养主要指现代社会每一个公民应当具备的数学方面的基本素养。它在形成人的理性思维、科学精神和促进个人智力发展中发挥着不可替代的作用。②

《课标（2022）》中指出义务教育阶段数学核心素养主要包括以下三方面：

(1) 会用数学的眼光观察现实世界。

(2) 会用数学的思维思考现实世界。

(3) 会用数学的语言表达现实世界。

数学核心素养具有整体性、一致性和阶段性，在不同阶段具有不同表现。初中阶段侧重对概念的理解。初中阶段的数学核心素养主要表现为：抽象能力、运算能力、几何直观、空间观念、推理能力、数据观念、模型观念、应用意识、创新意识。

其他核心素养主要指除数学素养外学生应具备的必备品格和关键能力。中国学生发展的核心素养③提出六大素养：人文底蕴、科学精神、学会学习、健康生活、责任担当、实践创新。其中提到的若干素养在数学项目化学习中也有所体现，另外还有合作协调、语言表达等能力。本研究中归结为项目化学习实施过程中所体现的"其他核心素养"，主要表现在以下六个方面：

(1) 科学精神

科学精神主要是学生在学习、理解、运用科学知识和技能等方面所形成

① 上海市教育委员会教学研究室. 初中数学单元教学设计指南［M］. 北京：人民教育出版社，2018.

② 课程教材研究所. 义务教育数学课程标准（2022年版）解读［M］. 北京：北京师范大学出版社，2022.

③ 关于全面深化课程改革落实立德树人根本任务的意识［R］. 十八大和十八届三中全会，2013. 12.

的价值标准、思维方式和行为表现，具体包括理性思维、批判质疑、勇于探究等基本要点。

（2）学会学习

学会学习主要是学生在学习意识形成、学习方式方法选择、学习进程评估调控等方面的综合表现，具体包括乐学善学、勤于反思、信息意识等基本要点。

（3）责任担当

责任担当主要是学生在处理与社会、国家、国际等关系方面所形成的情感态度、价值取向和行为方式，具体包括社会责任、国家认同、国际理解等基本要点。

（4）实践创新

实践创新主要是学生在日常活动、问题解决、适应挑战等方面所形成的实践能力、创新意识和行为表现，具体包括劳动意识、实际操作、技术应用等基本要点。

（5）合作协调

合作协调主要根据同一个目标或工作任务，实现团队合作，对资源进行分配，同时控制、激励和协调群体活动的行为表现，具体包括分工合作、相互融合、实现组织目标等基本要点。

（6）语言表达

语言表达主要指在口头语言（说话、演讲、作报告）及书面语言（回答申论问题、写文章）的过程中运用字、词、句、段的能力的行为表现，具体包括语言逻辑、口齿清晰、演讲行为、听者接受度等基本要点。

二、 初中数学项目化学习的基本特征

初中数学项目化学习的基本特征见图 4-1。

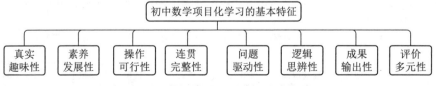

图 4-1　初中数学项目化学习的基本特征

1. 真实趣味性

项目主题应具备真实趣味性，即项目主题来源于生活实际问题或其他学科中的问题，能激发学生兴趣，能提高学生在学习活动中的参与度。一个有意义、有价值的项目往往来源于真实生活问题，可以抽离出数学的模型或背景，进而分析问题、解决问题，在问题探究过程中，具备真实复杂、益智趣味等特征，在具体实施中体现学生活动的多样性、趣味性、原生态性。

2. 素养发展性

项目任务的解决过程应体现素养发展性，即项目化学习指向学生数学核心素养和其他素养两方面，培养学生数学思维品质、高级思维等。一个有价值的项目往往可以使师生从真实生活问题中用数学的眼光去发现与提出问题，并能用数学的思维去分析问题、解决问题。素养优于知识，但根据本研究中提及的项目化学习方式与单元教学整合的特有方案，也不忽视知识板块的重要性。

3. 操作可行性

项目任务与活动应具备操作可行性，即项目设计需根据初中生认知规律，结合具体学情，任务设计与活动设计要易上手操作，可行性强。在项目化学习中，单元教学活动有机整合于其中，子问题的解决与知识的获得相辅相成，可操作；学生能融入其中，参与性强，积极性高。切忌出现项目化学习与单元教学"两层皮"的现象。

4. 连贯完整性

项目任务应体现连贯完整性，即项目化学习中各任务与项目主题紧密相关，体现问题解决的过程。项目中各任务是为了实现项目主题而设计与实施的。任务链的设计须体现项目化学习的连贯完整性，环环相扣，在《实践篇》各案例中，读者可进一步体会。

5. 问题驱动性

项目推进过程应体现问题驱动性，即能通过一系列问题，层层推进项目进程，从中培养学生发现问题、分析问题、解决问题的能力。几乎每个任务都需要通过驱动问题的解决推进任务实施，有助于学生明确任务完成的思维路径，有助于提升学生的数学思维品质。驱动问题既要有一定的挑战性，又要是学生可以理解的。

6.逻辑思辨性

问题设计、学生活动设计中体现数学解决问题的方式方法，体现有序、严密，强调思辨性问题的解决方案。在项目化学习的研发设计中，既要体现做事的逻辑，又要体现数学学科的逻辑，在适当的点融入数学思辨更能体现"以数学核心素养为导向"这一理念。

7.成果输出性

在项目化学习过程中，学习成果能持续地输出与展现，在项目的多个环节中都有所体现，而不是仅局限于最终展示课的终极成果。由于数学学科独有的特点，项目成果需要体现出数学知识，可以是作品展示、调查报告、设计方案、结论说明等多样形式，给学生预留的成果完成时间是充裕的。成果展示中有时包含学生相互间对项目的答辩，比如学生间提问与小组长解答。

值得一提的是，不一定每个项目都要做到每个阶段都有成果输出，对成果的理解可以是广义的，不做硬性规定，要根据具体情况具体分析，有的项目仅把一个终极成果做到极致，也是有其价值的。

8.评价多元性

评价多元性即项目化学习评价方式丰富多样，如从课堂表现、作品设计、方案交流、协调合作度、师生认可度等维度进行评价。项目化学习的评价机制能以表格、等第、评语、访谈收获等多种形式呈现。评价方式所涵盖的基础性要求是：评价内容涵盖每一个项目目标，评价方式是与学生共享的。发展性要求是：师生可以利用评价进一步推动、优化迭代项目化学习，评价要关注学生的数学学习品质。

第五章 项目设计方法

落实核心素养的教学需要将知识结构化，有机地组织在一起，通过比较大的主题或者项目，以解决问题的任务来驱动。引导学生在问题解决的实践中提升能力，发展素养，而不是把教学内容碎片化地当作知识点来处理。

本研究中项目设计的主要宗旨是以单元为单位进行整体教学设计，以问题解决为中心，通过较大的问题或者项目展开学习，能给学生更充分的体验和探究时间，能让学生在较长的时间内不断思考、反复实践、合作分享。在这个过程中，理解数学，应用数学，从而形成数学学科的思维方法、大概念、大观念以及价值观与核心素养。

一、 设计路径规划

《课标（2022）》提出：学生需要经历项目化学习的全过程，在实际情境中发现问题，并将其转化为合理的数学问题，提出解决问题的思路，设计解决问题的方案，形成和发展应用意识、模型观念等；提升获取信息和资料的能力、自主学习或合作探究的能力；提升撰写研究报告的能力和语言表达能力。

结合课标要求与项目化学习的基本要素与特征，本研究基于单元整体学习进行项目化学习设计的一般路径，如图 5-1 所示。

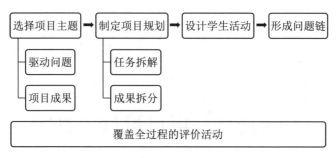

图 5-1　项目化学习设计的一般路径

二、学习内容设计

项目主题的选择、项目任务与活动的设计、项目成果的呈现是项目化学习设计过程中的三个核心要素，它们在确保项目的有效性、意义和学习成果方面起着关键作用。项目主题的选择影响到任务的分解和成果的设定，而任务的分解和成果的设定则指导学生在项目中的学习和实践。在整个设计过程中，要确保环节之间的逻辑性和连贯性，以确保学生能够有意义地参与项目，获得丰富的学习经验，并实现预期的学习目标。

1. 项目主题

项目化学习强调真实情境，但不是所有的真实情境都能原封不动地拿来作为项目的主题，需要考虑学生的认知水平与知识储备。在确定项目主题时，应该考虑现实问题指向的初中学生数学核心素养，涉及哪些初中数学知识。根据初中生的认知及学习方式，寻找可操作、易实践、具有挑战性和创造性的真实情境，从而确定合适、有社会价值的主题。项目主题应与单元中体现的数学核心素养以及教学内容紧密贴合，体现数学知识学习的必要性。

(1) 选择主题标准

选择适合的项目主题是项目化学习设计中至关重要的一步，一个好的主题能够激发学生的兴趣，能够体现数学知识的实际应用价值。以下是选择项目主题时可以考虑的一些标准。

① 促进素养发展

义务教育数学课程应使学生通过数学的学习，形成和发展面向未来社会和个人发展所需要的核心素养。核心素养是在数学学习过程中逐渐形成和发展起来的，不同学段发展水平不同，是制定课程目标的基本依据。在选择主题时应该考虑该主题是否可以促进学生数学素养的发展。

以本书《实践篇》案例为例：

本书《实践篇》中的所有案例均指向了应用意识与创新意识的发展。除了这两个素养都有所体现外，课标中所提炼的其他素养，我们也能在《实践篇》中找到对应的案例进行呈现。比如：有提升抽象思维的《多功能绘圆尺DIY》；有提升运算能力的《我的理财手账》；有增强几何直观想象的《美图修修——校园照片美化》；有增强空间观念的《教室装潢设计》；有提升推理能力的《密码加密设计与解译》；有增强数据观念的《家庭用电小主人——调研家庭用电并设计合理用电的方案》；有增强模型观念的《小小科学家——弹簧测力计的制作》。

② 真实性

项目主题应该注重对实际问题的有效回应，经历现实情境的数学化过程。在实际情境中发现问题，提出合理的数学问题。

《家庭用电小主人》（见本书《实践篇》）就是以具体有形的家庭电费单上的数据为出发点，使学生对日常家庭用电的消耗有直观印象，发现缴电费是日常生活中不可缺少的内容，其收费标准是阶梯式的，每一个阶梯都有详细的说明，每一个阶梯的电费与用量都存在函数关系，而这个函数关系经过适当简化与加工后，可以用来分析上海市 12 月份电费大幅度升高的原因，从而形成初步的抽象能力和模型观念，发展数学应用意识，帮助学生了解国家制定这样阶梯式收费标准的用意，形成节约用电的意识，思考节约用电的措施。

③ 复杂性

复杂的主题往往反映了现实世界中的复杂问题，需要学生投入更多的时间和精力来理解、分析和解决问题。这种复杂性主要是指学生能够在整个项目中持续深入地进行思考。从多方位、多角度探究问题，从而带来更丰富的学习体验和更深入的学习成果，培养学生的批判性思维和分析能力。当然，我们也不能选择过于复杂的主题，需要考虑学生的年龄、背景和能力，以确保主题的难度和复杂性适合他们，既有挑战性，又在学生能力范围内。如果选择的主题过于简单或者单一，可能会导致没有足够的深度和广度，不具备形成一个完整项目的条件。如表 5-1 所示。

表 5-1　《4.3　圆的面积》教学设计片段

一、创设情境
1. 观察思考
　书中建筑是什么形状？建筑外墙的玻璃是什么形状？
　为什么可以用长方形的玻璃建成圆柱形建筑？
2. 回顾旧知
　已经学习过的图形面积公式以及平行四边形面积公式的推导过程
二、探究新知
1. 圆的面积探究——剪拼

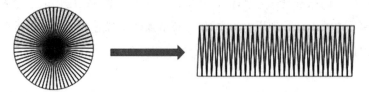

2. 圆的面积探究二——剪拼

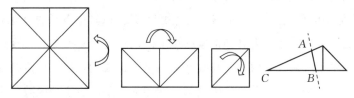

3. 圆的面积探究三——同心圆
4. 圆的面积探究四——阿基米德
5. 圆的面积探究五——刘徽割圆术
6. 圆的面积探究六——开普勒
……

　　这个项目主题是对圆面积公式的探究。除了缺乏真实情境外，主题内容也过于狭窄。对于"圆面积公式的探究"这个主任务，并不需要对其进行拆解，缺少了做事的逻辑线，因此不能把它看作项目化学习。

　　④ 学科整合性

　　在《课标（2022）》中提到："综合与实践以培养学生综合运用所学知识和方法解决实际问题的能力为目标，根据不同学段学生的特点，以跨学科主题学习为主，适当采用主题式学习和项目化学习的方式，设计情境真实、较为复杂的问题，引导学生综合运用数学学科和跨学科的知识解决问题。"所以，在设计过程中，教师可以将不同学科的知识融合起来，展示它们之间的关联性。通过不同学科之间的交叉融合，培养学生的综合能力和创新能力，使他们在面对现实世界的问题时更具有应变能力和解决问题的能力，并为问题解决提供更丰富的视角。

《小小科学家——弹簧测力计的制作》《小小科学家——力的合成与分解仪》（见本书《实践篇》）两个案例，都是将数学学科与物理学科的知识进行整合，立足于物理实验与应用数学展开学习。同时，弹簧测力计这个自制的项目成果在物理实验中也具有较为广泛且普适的应用。而《美图修修——校园照片美化》（见本书《实践篇》）案例则是将数学学科与美术学科的知识进行整合，以照相机中的"网格线"为契机，提出照片、图像中存在的构图问题。这类案例既在核心素养理念下渗透了数学美育的价值，又具有很高的生活实用性。

（2）选择主题的误区

在项目的推进与研究中，我们发现在选择项目主题时可能会出现一些误区，这些误区可能会影响项目的设计与实施以及学生的学习体验与效果。

① 把解决纯数学问题当作项目化学习

解决纯数学问题通常是在特定的学科框架下运用数学知识，它可能缺乏跨学科性和实际应用性，因此不太适合作为典型的项目化学习内容。如表5-2所示。

表5-2 《平行线中的折线问题》教学设计片段

一、问题的提出
如图，已知 *AB* 平行于 *DE*，试探究∠*B*、∠*C*、∠*D* 之间的数量关系.

二、问题的解决
1. 添加平行线
2. 补齐截线
3. 添加截线
……

这其实是一节探究课，为了让学生能够解决平行线中的折线求角度问题而进行的探究、梳理与归纳，与项目化学习的要求不一致。项目化学习鼓励学生解决真实情境中的真实问题，在这个过程中学习数学知识、应用数学知识，或者综合运用多学科知识和技能。所以选择一个真实情境下的真实问题，在项目化学习的设计中非常重要。

② 把探究过程中的数学实验当作项目化学习

数学实验和项目化学习虽然都涉及数学知识和技能的应用，但它们在本质上是不同的教学方法和活动。数学实验通常涉及使用实际物体、模型或计算机软件来观察和验证数学概念和原理，它主要关注通过实验来探索数学概念的有效性和应用，以帮助学生理解和巩固数学知识。虽然在一些情况下数学实验可以培养学生的逻辑思维能力和分析能力，是数学教学中的重要一环，但项目化学习涵盖了更具有综合性的核心素养。

虽然在《勾股定理》的教学设计中（如表 5-3 所示）学生经历观察、操作、探索、发现问题的思维过程，可以在师生、生生的互动中共同建构数学知识、丰富数学活动经验，促进学生的数学理解，也能有效发展学生对问题

表 5-3　《19.9　勾股定理》教学设计片段

项目设置
1. 借助例图以直角三角形的三边作正方形，你能用剪拼的方法验证三个正方形面积之间的关系吗？请你谈谈直角三角形三边之间具有怎样的数量关系？
2. 上述结论是否正确？通过用四个全等的直角三角形（边长分别为 a、b、c），验证勾股定理，并写出过程.

例图

......

的推理能力，深度理解证明的过程和意义，但是与项目化学习相比，此设计案例缺少了真实情境。项目化学习更加强调在真实的问题情境中让学生进行实际探究和解决方案的设计。

③ 把情境教学等同于项目化学习

虽然情境教学与项目化学习之间有相似之处，都强调将学习与实际应用联系起来，但项目化学习更侧重于学生的主动探究和实际问题的解决，而情境教学更注重将知识置于生活情境中以促进知识理解。

该项目（如表 5-4 所示）与《11.5　翻折与轴对称图形》可以看作一个单元中的微项目。在前一节课中，学生设计并制作完成了各类对称的"喜"字。在这个基础上，本课时第一个环节中以上节课的学生作品作为引入，这一点是值得借鉴的，能让项目的不同课时之间具有连贯性。但是在之后的探究新知中，教学流程就与传统新授课无异了，并且脱离了项目主题"剪纸"。如果设计者能够在探究活动中依然抓住"剪纸"元素，则更能体现项目的一致性。

表 5-4　《11.6　轴对称》教学设计片段

一、创设情境，提出问题 出示剪纸图案，复习"轴对称图形"的概念 二、探究新知，讲授新课 任务一：观察图形，思考两个图形轴对称与轴对称图形的联系和区别 任务二：制作两个三角形，使之成轴对称，探索轴对称的性质 任务三：学生作图，画出四边形关于直线成轴对称的图形

在《勾股定理的实际应用——护送我们的"艺术品"》项目中（如表 5-5 所示），设计者以护送"艺术品"为线索，解决了一系列与勾股定理有关的应用题。作为传统设计标准，这节课非常出色。但是在本设计中，"艺术品"仅起到了将这些问题串联起来的作用，问题与问题之间缺少做事的逻辑，不能体现任务分解的过程，而且这些问题缺乏开放性，因此也不是项目化学习理想的选题。

（3）选择主题的途径

项目主题选择途径多样，可以从现实生活、社会问题中找，可以从课标、教材等学科内容中找，可以从已有项目中找，也可以从个人兴趣、历史事件等角度选择，关键是激发学生兴趣，培养实际应用问题和解决问题的能力以及创造力，并适应学生的学情。

表 5-5 《勾股定理的实际应用——护送我们的"艺术品"》教学设计片段

情境 1——护送 　　现有一卷卷轴，长为 55 厘米，是否能够将其放入长为 40 厘米、宽为 30 厘米、高为 30 厘米的箱子中？ 情境 2——运输（水路行驶） 　　在护送过程中，需要过河，已知河宽 100 米，水流速度为 3 米/秒。船每秒可以行 4 米： 　　（1）如果想要最短时间渡河，则船实际行驶距离为多少？ 　　（2）如果想要到达河的正对岸，则需要多少时间？ 情境 3——运输（过桥） 　　运送船在以 3 米/秒的速度经过一座桥时，慢慢地放下了桅杆（桅杆原本是竖直的），桅杆长 6 米，桥高 3 米，如果船离桥还有 9 米时便开始放桅杆，并且桅杆刚好在经过桥时放下： 　　（1）过了多少时间桅杆正好放下？ 　　（2）桅杆放下的速度至少为几米每秒？

① 从现实生活中寻找

华罗庚曾经提出："宇宙之大，粒子之微，火箭之速，化工之巧，地球之变，生物之谜，日用之繁，无处不用到数学。"生活中处处有数学，数学蕴藏在生活中的每个角落，如燃气收费、设备的最佳更新年限、学校义卖品定价、比赛奖金分配、台风路径预测、检票口开放最优化等。

而对于同一个生活场景，我们也可以从不同的视角去发现问题、提出问题，使用不同的数学工具去分析问题、解决问题。比如 2022 年各媒体纷纷报道上海许多家庭 12 月份电费大幅提升，从这个热门话题出发，有的老师从函数角度切入，引导学生了解电费计费规则，探寻电费大幅提升的原因，设计了《家庭用电小主人——调研家庭用电并设计合理用电方案》（见本书《实践篇》）；有的老师从调查家庭用电现状、数据统计角度切入，发现家庭用电中的不合理之处，提出减少电费的可行方案，设计了《解读家庭用电缴费单，合理规划家庭用电》。我们把这类情况称为项目的"同源异项"，即源自同一个项目主题，选择不同的单元甚至不同的年级进行设计。同一个故事场景，可以与不同的数学知识进行关联，抓住不同的切入点，最终形成不同的项目案例。

② 从初中课标中寻找

《课标（2022）》的"综合与实践"板块中的内容也是很好的主题素材，其中附录 1 中的一些案例可以开发为不同学年段的项目化学习主题。本研究以表格形式（如表 5-6 所示）简单罗列一些，教师也可以在学习课标过程中自行寻找、探索、尝试。

表 5-6　课标中的选题素材

《课标（2022）》案例	建议开展单元
例 62. 营养午餐调查 　　了解人体每日营养需求，几类主要食物的营养成分，感受合理膳食的重要性；调查学校餐厅或自己家庭一周午餐食谱的营养构成情况，提出建议；开展独立活动或小组活动，设计一周合理的营养午餐食谱；形成重视调查研究、合理设计规划的科学态度	六年级：比和比例
例 81. 利用图形的相似解决问题 　　在现实生活中，对于较高的建筑物，人们通常用图形相似的原理测量建筑物的高度	九年级：相似三角形
例 83. 设计调查方案 　　了解本年级的学生是否喜欢数学学科，调查的结果适用于学校的全体学生吗？适用于全市的学生吗？如果不适用，应当如何改进调查方法？	九年级：统计初步
例 89. 体育运动与心率 　　从体育运动的诸方面提出与健康或者安全有关的问题。例如：运动类型、运动时间与心率的关系；运动时间、性别与心率的关系；在有氧或无氧运动中，分析运动时间与心率的关系	九年级：一次函数

③ 从初中教材中寻找

教材是依据课程标准编制的、系统反映学科内容的教学用书，是课程标准的具体化，所以教材内容是教师选择项目主题的重要依据之一。最大限度地用好教材，使课程内容情境化，是实现项目化学习的关键。

以沪教版七年级《数学》课本为例（如图 5-2 所示）：第一学期第十一章的探究活动"平面图形的设计"是"为学校活动设计标志"（见本书《实践篇》）的选题来源，而第二学期第十五章的探究活动"一种新的棋谱记法"是"巧玩五子棋"（见本书《实践篇》）的选题来源，这两个项目都是来源于教材的探究活动。而同样是对第十五章的开发，"开幕式表演方阵策划"（见本书《实践篇》）的选题则是受单元章头语及其配图的启发。我们把这类情况命名为"同课异项"，即针对同样的单元、同样的核心知识设定不同的真实情境，选择不同的开发思路和呈现方式。

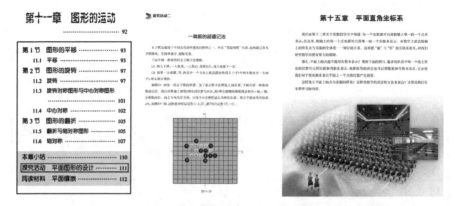

图 5-2　沪教版七年级《数学》

④ 从已有项目中寻找

在项目推进的公开研讨过程中，可以对感兴趣的、已经展示过的项目进一步挖掘，从不同的角度、不同的深度，形成不同的"同源异项"项目。例如基于因式分解单元的"密码加密设计与解译"（见本书《实践篇》）就是基于因式分解的"设计和破解密室逃脱密码"的优化迭代（如表 5-7 所示）。

表 5-7　密码加密项目的迭代设计

项目案例	设计和破解密室逃脱密码→密码加密设计与解译	
项目背景切入点	以密室逃脱为情境引入密码	从密码学角度进行项目设计
说明：整式乘法与因式分解的互逆关系构成了加密与解密的底层逻辑，但是密室逃脱中的密码设计与本项目的密码设计原理有较大的差异，因此可以从密码学角度对项目进行再设计，引入一系列现实中真实存在的密码学术语，提出关键词让学生上网搜索，让情境更真实，也与本项目承载的知识联系更加紧密		
解密规则设计	把一个多项式因式分解后各系数组成的部分，包括常数项，常数项为 0 则不写	结合"明文""密文""密钥""偏移量"等密码学术语（详见本书《实践篇》案例）
说明：增加了一条"确保密码解译唯一性"的逻辑线，确保解密规则的设计更为完备。此逻辑线是真实情境下的加密要求，唯一性的探究随着课程深入逐步展开。学生需要不停地对原有规则寻找反例，逐步补充修改规则，也使得整个项目的开展具有一贯性		

2. 项目的驱动问题与预期成果

在项目化学习中，好的项目主题是项目成功的一半，随后就需要根据选择好的主题确定项目的驱动问题，并对最终成果进行预估。这样才能进一步细化项目，将整个项目任务拆解为更具体的子任务。这个过程有助于确保项目的方向、目标和实施计划都能够清晰地被定义和理解。

驱动性问题是整个项目的核心，它能够引导学生思考、探究和行动。驱动性问题应该是一个开放性的问题，能够激发学生的好奇心和探索欲望。它应该与项目主题密切相关，能够引导学生在项目中深入地学习和探究。

预期的项目成果是学生在项目结束时应该达到的目标，这些成果可以是产品、解决方案、报告、展示等，能够体现学生对项目主题的理解和应用能力。明确的预期成果有助于学生明确目标，同时也为评价项目的成功与否提供了依据（如表 5-8 所示）。

表 5-8　项目成果与驱动性问题

项目背景	驱动性问题	预期成果
物理中的胡克定律	如何制作弹簧测力计？	一份简易弹簧测力计的设计报告、一个简易的弹簧测力计
黄金分割在照片构图中的应用	如何设计一张或一系列有构图美的校园照片？	一张或一系列有构图美的校园照片

这个过程的关键在于确保驱动性问题、项目成果和任务之间的一致性和连贯性，使整个项目有明确的目标和路径。同时，要根据学生的年龄、能力和背景来设计驱动性问题、预期成果和任务，以确保它们具有可行性和挑战性。

3. 项目的任务与活动

项目化学习要设计出完整可行的活动方案，需要参考学生个人经验和已有知识积累，从解决问题出发，明确所学数学知识与技能，提出相应学习任务，明确学习活动形式。

项目的任务是指在整个项目中学生需要解决的核心问题，它是项目的驱动力，引导学生进行探究、调查、分析等一系列活动，最终达到解决问题或实现目标的目的。所以项目的任务一般都是基于驱动性问题与预期成果来确定的。

项目的活动是为了实现项目任务而设计的一系列具体行动，这些活动可以涵盖不同的阶段，包括问题调研，数据收集、分析，解决方案设计、实施等。项目活动需要与项目任务紧密结合，以促进学生在实践中获得知识、技能以及活动经验。

在项目化学习中，项目的任务和活动是学生参与学习的核心内容。通过明确的任务，学生知道他们需要解决什么问题；通过有针对性的活动，学生可以逐步完成解决问题所需的步骤。这种结合可以激发学生的兴趣、主动性和合作能力，使他们在解决实际问题中实现综合能力的发展。

（1）任务拆解

将整个项目任务拆解为更小、更具体的子任务是确保项目逐步实现的关键步骤。这种拆解有助于学生更好地理解任务的要求，并能够逐步解决复杂的问题，实现整个项目的目标。

① 任务拆解流程（如图 5-3 所示）

图 5-3　任务拆解流程

明确问题：明确项目需要解决一个怎样的实际问题，最后需要以什么形式呈现问题的解决，以确保后续的拆解过程更有效。

梳理步骤：将整个任务拆解为关键的步骤或阶段，这些步骤应该是实现任务的必要步骤，从开始到完成。

细化任务：每个关键步骤对应一个项目的子任务，这些子任务也应该分别对应一个具体且明确的成果要求，对学生的学习方向具有指导意义。

拆解项目任务可以帮助学生更好地理解任务的复杂性，逐步完成每个子任务，最终实现整个项目的目标。同时，也可以让学生看到自己在每个步骤中的进展和成果，有助于学生建立自信。

② 任务拆解原则

以项目成果产出为导向：任务拆解的首要目标是确保学生能够最终产出

预期的项目成果。确定好成果的形态后，明确所需要的要素。对标项目成果的要求进行任务拆解，确保每个子任务都与最终成果直接相关，也为学生提供逐步实现成果的机会。这样的导向能够确保整个项目的连贯性。

以问题解决逻辑为依据：学习是解决问题的过程，任务拆解应该紧密追随问题解决的逻辑。每个子任务都应该是解决问题的一部分，逐步推进项目的整体解决方案。这种逻辑有助于学生深入思考问题，分析信息，提出假设，并最终形成完整的解决方案。

以"为学校活动设计标志"（见本书《实践篇》）项目为例：

本项目以"为学校活动设计标志"为主线，经历"了解标志→学习设计标志方法→设计标志→呈现标志"的过程，完成为学校各类活动设计标志的设计稿。任务拆解过程呈现如图 5-4 所示。

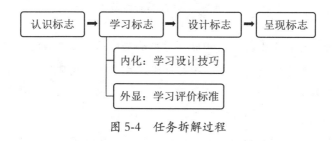

图 5-4　任务拆解过程

第一步：明确项目的驱动性问题是为学校活动设计标志，这也是整个项目的主任务。

第二步：想要设计出一个标志，得先了解相关的知识。由于大部分的设计还得从模仿开始，我们先通过收集一些常见标志来归纳出一些常见的设计方法。在这个过程中我们很容易就能发现，设计师通常会将一个简单的元素进行一定的平移、旋转或者翻折，形成中心对称或者轴对称的图案。那么我们就可以借助"图形的运动"中涉及的几何特征、作图方法等数学知识来设计标志。设计出一个标志后我们又该如何来评价呢？这就需要学生了解到标志设计的对称美，从而制定出评价标准，最后结合这两项内容设计出最终成果。

第三步：在学习设计标志时，有哪些技巧呢？在欣赏标志的对称美时，又有哪些不同种类的对称美呢？把这些问题作为项目的子任务，进一步进行细化。任务拆解结果呈现如图 5-5 所示。

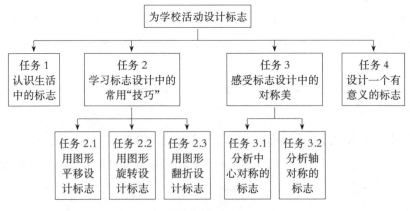

图 5-5　任务拆解结果

在任务 1 中，学生需要学会用数学的眼光来观察世界。之后我们就需要进行设计方法的学习，对应单元相关知识，我们将任务 2 进一步细分为三个子任务。同样地，基于单元内容分析，我们将任务 3 也细分为两个子任务。在任务 2 和任务 3 中，学生逐步学会用数学的思维来思考世界。最后在任务 4 中，学生用之前学习到的知识进行设计与解释，达到用数学的语言来表达自己的目的。

（2）活动设计

项目任务是整个项目的驱动力，指导学生的学习方向。但是如果一个项目只有任务，学生其实并不知道怎么操作。所以我们就需要设计具体的学生活动，从而让任务进一步落地，让学生能够参与项目，形成一定的学习自主性。教师在这个过程中作为任务的引导者、活动的辅助者，只需要在恰当的时候给予他们有效的支持。

学生活动是为实现任务的目标而设计的，所以每个活动都应该与任务直接相关，并且活动应该按照逻辑次序排列，活动之间的关联性需要保持清晰，以确保后续活动可以建立在前面活动的基础上。

① 活动的分类

项目导引：项目导引是项目化学习的起始阶段。在这个阶段，教师引入项目的主题、目标、预期成果，激发学生的兴趣，让他们理解为什么要进行这个项目。教师可以通过问题、情境、视频、案例等方式来引入项目，唤起学生的好奇心和思考。

知识探究：知识探究是项目化学习的核心阶段。在这个阶段，学生根据项目的主题和问题，进行深入的研究和学习。他们可能需要收集信息、阅读资料、采访专家、实地调查等，以获得解决问题所需的知识和技能。这个阶段注重自主学习、合作探究和实践操作。

成果展示：成果展示是项目化学习的结束阶段。在这个阶段，学生将他们的学习成果以某种形式呈现出来，如展示、演讲、报告、展览等。通过展示，学生分享他们的学习成果、解决方案和创意。

② 活动的策略

指向核心素养：活动设计不应该局限于知识点的设计，指向核心素养是确保项目化学习对学生发展具有持久影响的关键策略之一。教师可以在项目设计中明确强调要培育的核心素养，并在活动中设定要求和评估标准，以便学生在项目中体验、实践和发展这些素养。这种策略有助于将知识与能力有机结合，为学生的综合素养发展提供更好的支持。

引发深度学习：项目化学习鼓励学生进行深度学习，即通过自主探究和问题解决，深入理解学科内容。教师可以设计开放性问题，激发学生的好奇心，引导他们在项目中深入思考、研究和探索。深度学习不仅能使学生掌握知识，将其应用于实际情境中，还能培养学生终身学习的能力。

发展协作能力：项目化学习强调学生之间的合作与交流。教师可以设计团队项目，让学生在小组中共同合作，分工合作，分享思想和资源。通过协作，学生不仅可以从彼此的经验中学习，还可以培养其团队合作、沟通和领导能力。

虽然任务始终是项目的核心，但活动在实现任务过程中非常重要。开展活动不仅仅是完成任务的手段，也有助于学生理解任务的目标和意义。

以"布展方案设计"（见本书《实践篇》）项目为例：

本项目以学校将举办"商品嘉年华暨中国古代商品成果展"活动为背景，以"利用篮球场进行布展设计"为主线，经历"了解布展方案设计→学习布展方案的设计方法→设计撰写布展方案→发表布展设计招标书"的过程，完成学校"商品成果展"的方案招标。

在第一个任务中：了解布展方案设计时，一共设计了四个活动（如图 5-6 所示）。这四个活动都是为了达成任务 1 而设计的，是老师为学生解决问题所搭建的支架。这四个活动可以看作并列关系，可以根据学情分给不同的小组来完成，最后再一起进行班级汇总。也可以一个小组分不同的成员分别完成这些不同的活动，一定程度上为小组指明了分工内容，对学生进行小组协作具有很好的指导作用。

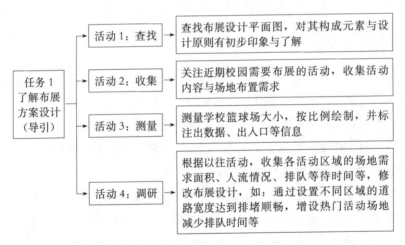

图 5-6　了解布展方案设计

在第三个任务中：在布展中利用"围栏"进行功能区划分，一共设计了三个活动（如图 5-7 所示）。这三个活动呈现出递进关系，活动 1 和活动 2 的开展是对活动 3 的支持。

同时，作为探究活动，任务 3 还起到学习单元知识的作用。活动 2 源自一元二次方程中经典的"开门问题"，做事的逻辑与知识的结合非常紧密。先提出了需要解决的实际问题，提出需要减少排队等候时间，在探究中感受墙长对于布展方案的影响，思考对策后，进一步优化原先的布展方案，首尾呼

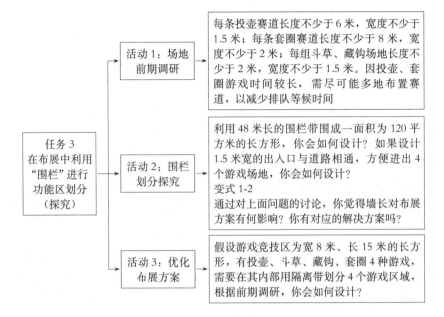

图 5-7 在布展中利用"围栏"划分功能区

应，回到需要解决的实际问题中。

总的来说，在设计活动中我们应当充分考虑自主学习和合作探究等不同的学习形式与学习要素，这样才能够使学生在项目中获得更全面、深入的学习经验，培养他们独立思考、合作和解决问题的能力。

(3) 问题链设计

问题导向是项目化学习中的一个关键概念，它强调通过引发问题来驱动学习和探究。问题应该是活动的驱动力，起到支架作用。学生通过参与活动来逐步解决问题，而不是孤立地学习知识。在项目设计中，从数学的角度发现问题和提出问题，给出解决问题的思路。问题本身成为学习的动力，促使学生积极主动地参与学习过程，培养他们独立思考、解决问题和探究的能力。所以在项目活动的设计中，要重视问题链的设计，它的核心目的是通过有逻辑结构的问题链，引导学生进行高阶思维的逻辑思考，促进学生主动积极思考，从而达成深度理解。

问题链的设计应该遵循以下几个原则：

① 递进性：问题链应该呈现逐步递进的难度和深度。从简单到复杂，从基础到高阶，这种递进性能够让学生在项目过程中逐步建立知识结构，养成解决问题的能力。

② 关联性：每个问题都应该与前一个问题以及整个项目的主题密切相关。问题之间的关联性能够帮助学生理解问题链的整体逻辑，同时也让他们能够将前面的学习应用到后续的问题中。

③ 引导性：问题链应该引导学生朝着项目的预期成果和目标前进。每个问题都应该有明确的目标和方向，以便学生知道他们的探究方向，并能够逐步实现项目的目标。

④ 开放性：问题链中的问题应该是开放的，能够激发学生的思考和探究欲望。这种开放性问题能够鼓励学生自主提出假设、研究问题，并寻找多种解决方案。

以"弹簧测力计的制作"项目为例：

本项目以"弹簧测力计的制作"为主线，经历"弹簧特性实验探究→胡克定律理论学习→测力计初步设计→测力计实际制作→测力计使用试验→设计方案修改→测力计再制作"的项目过程，完成简易弹簧测力计的设计方案及实物制作。

在弹簧特性实验探究的学生活动中（如图 5-8 所示），我们可以清晰地看到，问题的设置是帮助学生厘清实验中测量对象以及测量方法的关键，具有指导性。这里的问题 1 与问题 2 引导学生去思考、学习测量弹簧拉力大小的方法以及弹簧形变的方法。同时，这两个问题中确定的测量对象，又为学生指向了后续函数当中的两个变量。问题 3 更具有开放性，学生在完成实验后需要进行数据记录，每个小组设计的表格可能有所不同，但是涉及的主要要素都离不开前两个问题中明确的实验对象。问题 3 既是对问题 1 和问题 2 的递进，相互之间又有紧密的联系。在问题 3 后还可以追问，除了表格形式，是否还有更直观的方法感受两个变量之间的关系，引出函数图像，为下一个任务做好铺垫。

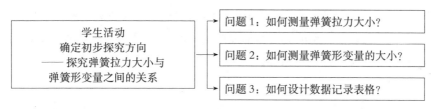

图 5-8 弹簧特性实验探究

在上一个学生活动中，我们通过三个问题让学生感受到了隐藏在物理实验中的数学本质。从实验测量对象中抽象出变量，在分析实验数据中结合函数图像。基于此，在任务 2 胡克定律的理论学习中，我们进一步设计了测试给定弹簧的拉力值的实验，并对结果进行统计，画出图像进行分析（如图 5-9 所示）。

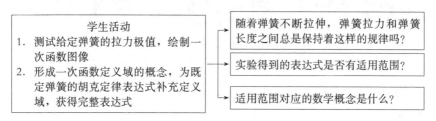

图 5-9 测定弹簧的拉力值

在这个过程中，教师通过问题引导学生归纳实验的规律，引出胡克定律。在进一步思考胡克定律的表达式是否有适用范围的过程中，抽象出函数定义域的概念。通过层层递进、逐步深入的问题，让学生思考物理背后的数学内涵，归纳出一次函数定义域的概念，获得一次函数的完整表达式，即完整的胡克定律。

4. 项目的成果

项目成果是项目化学习的最终产出，它是学生在整个项目过程中通过学习、探究和实践所产生的作品、产品、报告等，同时需要在多样的群体中进行交流。项目成果通常是学生对问题的解决方案、创作、研究结果等的呈现，反映了他们的学习成果和能力。项目主题是真实的，项目成果也是源于现实、回归现实的。

（1）项目成果的主要特征

① 与项目任务关联：项目设计中需要将驱动性问题分解成不同阶段的子

任务，项目成果则是应该与这些子任务紧密关联，能够直观地展示学生是如何解决问题或达成目标的，从而形成阶段性的递进。项目成果应该紧密关联项目任务和目标。如图 5-10 所示。

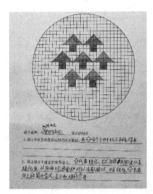

图 5-10　"为学校活动设计标志"项目中学生用
"树元素"完成的"环保主题"阶段成果

② 具有应用价值：项目成果应具有实际应用价值，能够在实际生活或职业领域中发挥作用。它们应该能够解决实际问题或满足真实需求。如图 5-11 所示。

图 5-11　"我的理财手账"项目学生成果

③ 可被测量评估：项目成果应该能够被评估和测量，这可以通过设定明确的评估标准和指标来实现。之后更应该鼓励学生进行反思和改进，对成果的反馈和修订可以进一步提升成果的质量。

④ 具有创新性：项目成果需要展现学生的创新思维，这可能表现为新颖的解决方案、独特的设计或创造性的呈现方式。所以，在制定项目成果时，应该具有开放性，除了明确一些必要内容外，不应该再多做限制。如图 5-12、图 5-13 所示。

图 5-12 "教室装潢设计"项目中学生通过"SketchUp 草图大师"软件完成的成果

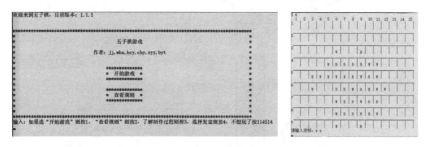

图 5-13 "巧玩五子棋"项目中学生通过编程完成的成果

（2）项目成果的表现形式

① 展示性成果：这类成果通常以展示的形式呈现，如视频、海报、现场演示、口头陈述等。学生通过这些成果向其他人展示他们的学习过程、发现和解决方案。如图 5-14 所示。

图 5-14 "教室装潢设计"项目中学生录制的家具检测视频成果

② 方案性成果：如果项目是围绕实际问题展开的，学生的成果可能是一个真正的解决方案，如设计出的产品、提出的策略、计划等。如图 5-15 所示。

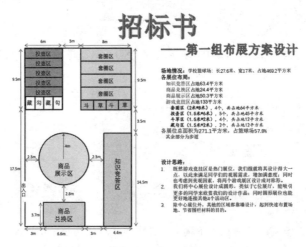

图 5-15 "布展方案设计"项目成果

③ 创作性成果：学生可以通过创作性的成果表达他们的想法，如写作、绘画、设计、音乐等，这些成果能够凸显他们的创造力和表达能力。如图 5-16、图 5-17 所示。

设计内涵
由外而内地分析，分为三部分

1. 最外层；外围形似四个小人手拉手，表现出体育节的盛大，充满活力，同时代表体育节的各类体操运动，凸显了体育节对团队合作的要求，增强集体意识，协作能力的目的。

2. 四个小人拉着的手呈圆形，仿佛绳子在手中飞舞，象征着绳类运动。

3. 内圈中圆形可以看出是代表球类运动，加上相连对称的六条锦带又可以看作是奖杯的俯视图。小人们手拉手围着奖杯，结合其脸部的笑容营造了和谐的景象，体现了同学们为代表荣誉的奖杯奋力拼搏时又能兼持友谊第一，比赛第二的精神。

运动会标志

数学知识
包括图形以及分析

1. 外圈四个小人总体上可以通过其中一个旋转得到，为中心对称图形，轴对称图形，最小旋转角90°，将最上方的小人翻折也可以得到最下方的小人。

2. 四个小人的身体部分是长方形，有2条对称轴，手部也是轴对称图形。

3. 内圈的圆形有无数条对称轴。

4. 中间的不规则奖杯图形也是轴对称图形。

5. 整体图形有1条对称轴，过最里面的圆心。

图 5-16　"为学校活动设计标志"项目成果

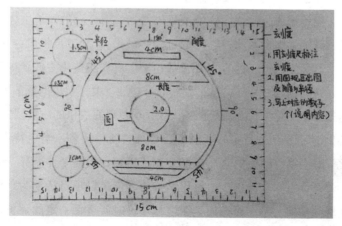

图 5-17　"多功能绘圆尺 DIY"项目成果

④ 分析性成果：如果项目要求学生进行调查研究，成果可能是一份详细的研究报告，包括问题陈述、数据分析、结论等。如图 5-18 所示。

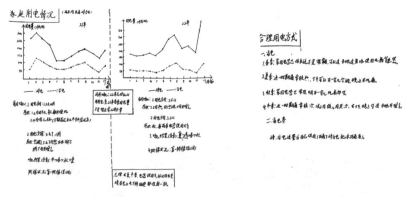

图 5-18　　"家庭用电小主人"项目中学生给出了合理用电方案

总之，项目成果应该是有价值、有意义并能够体现学生能力和努力的作品。它们是学习过程的结果，也是学生展示自己知识、技能和创造力的机会。

三、　评价设计

《课标（2022）》指出："评价不仅要关注学生数学学习结果，还要关注学生数学学习过程，通过学业质量标准的构建，融合'四基''四能'和核心素养的主要表现，形成阶段性评价的主要依据，采用多元的评价主体和多样的评价方式，鼓励学生自我监控学习的过程和结果。"同时也指出："项目学习评价以教学目标为依据，内容主要包括：学生对真实情境中问题的理解，用数学语言表达问题的适切性，结果预测的合理性，关注解决问题的实施方案，解决问题过程中的思考、交流与创意表现；项目研究成果的质量。"

项目化学习评价需要充分考虑项目目标、项目任务、学生特点等因素。在设计评价时主要以学生的素质全面发展为目标，关注个体差异，注重过程评价，强调评价主体多样化。项目化学习的评价是以项目活动为载体，在学生活动表现的基础上建立起来的，在进行评价时要遵循一定的评价原则，具体可从评价主体、评价阶段、评价维度、评价内容、评价方式和评价量规这六个层面来设计，其中，评价维度、评价内容、评价方式是必须明确的，而评价主体与评价量规需要根据评价内容来进行选择。

1. 评价原则

在项目化学习过程中，适当的评价能够调动学生的学习积极性，激发学生的学习热情，有利于学生的素养发展，促进学生各方面能力的提高。在设计项目化学习评价的过程中，应当考虑动静结合、显隐结合、主客体结合等诸多因素，遵循一定的评价原则。为了保证评价有效实施，我们应遵循的五个主要原则如下。

(1) 发展性原则

项目化学习的评价是营造一种让每个学生的个性都能够得到充分发展的评价机制，从发展的角度、用发展的观点、以发展的眼光来评价学生。打破单纯的分数评价，增加学生的能力素养等维度，注重发展学生的潜能，肯定学生在项目化学习的过程中产生的创造性价值，做到"因人而异、因材施评"。在设计项目化学习的评价时，评价的内容、方法等要考虑现在学生发展的时代特点，评价设计符合学生在知识结构上的认知，适合学生的发展水平，能促进学生全面发展。

(2) 主体性原则

项目化学习的评价是要让学生明确自己在整个项目化学习的过程中应当做什么、怎么做、学什么、怎么学，需要在哪些方面对自己的表现进行评价。学生是项目化学习中的主体，对主体的评价是评价原则的核心，不论是哪种评价方式，都是希望学生通过评价发现自我的进步、自身的价值以及自己在哪些方面存在不足，提升学生自我评价、自我反思的能力，进而使得学习成为一种自主研究、主动性过程。在设计项目化学习的评价时，要关注学生对评价活动和过程的参与，充分发挥学生的主观能动性，使得学生可以积极地参与评价活动。同时学生也要明白，自己不仅要接受别人的评价，也要对自己的价值做出客观的衡量，使自己在之后的学习过程中有更多的提高。

(3) 多元化原则

在设计项目化学习的评价时，需要从多元化的角度对学生进行评价，比如评价主体不仅限于学生，还可以有教师、家长等；评价内容不仅要关注学生的知识技能，还要关注学生的能力素养等；评价方式不单单是书面测验，还可以是课堂观察、活动报告、成长记录等。项目化学习的评价方式发生了改变，不是以往单纯用考试来评价学生的学习好坏，而是采用定性与定量相结合的方式，关注每一个学生的学习过程，也通过多元的角度了解每个学生在各个方面的发展情况，进行个性化评价，提供更加真实客观的评价结果，实现学生的全面发展。

（4）激励性原则

激励性原则是根据学生的具体情况，采取各种方式激发学生学习的内在需要和动机，使学生的态度、情感、人格处于并保持积极、活跃、协调状态，增强成功的愿望，从而调动学生的学习积极性。坚持激励性原则，需要关注到学生个体差异以及客观公正地评价学生，转变以往的"一刀切"的评价。同时在进行评价设计与实施时，不仅仅要让学生通过激励机制了解自己的优点和长处，也要从评价中互相借鉴、取长补短，了解自己的弱点和不足。激励性原则并不是一味地肯定和表扬，过分的赞美也会让学生感受不到努力带来的喜悦，失去挑战困难的勇气，客观公正地评价学生，才能对学生的学习动机、自信心以及能力素养的发展产生积极影响，使学生对自己有更加清晰的认知。

（5）科学性原则

科学性原则是指评价要遵循教育规律与学生的身心发展规律，运用适宜的评价方法，对评价对象做出实事求是的价值判断。在项目化学习的过程中，不同学生展现出的能力素养有所不同，有的学生擅长动手操作，有的学生擅长搜集资料，有的学生擅长文字撰写等。项目化学习为每个学生提供展示自己的舞台，它的评价也应该是科学的、客观的、可靠的。坚持科学性原则的评价、能使学生更加客观真实地了解自己的能力，全方位地发展，成为有理想、有本领、有担当的时代新人。

2. 评价设计

（1）评价主体与方式

评价主体是指参与评价的人或组织，也就是对自己或别人的成果做出评价的评价者，即"谁评价"。项目化学习的评价主体包括教师、学生、协作小组、家长等，呈现多元化形态。传统的教育评价中，教师是唯一的评价主体，学生的知识技能掌握情况、能力素养展现情况主要来源于教师的评价反馈，而这样单一的评价主体容易出现片面化、主观化的情况，不论是学生还是家长都不能全面地了解学生的真实情况。评价主体的多元化可使评价信息更客观公正，尤其是学生自身作为评价主体，有利于提升学习主动性，养成自我反思的习惯。

项目化学习的评价方式也是多样的，根据评价主体的不同，可以分为学生自评、互评，教师评价，家长评价等。不同角色的评价可以从不同的角度来观察并记录学生的学习过程和成长历程，打破了传统教师评价的单一性和主观性。

以"巧玩五子棋"项目为例，如表 5-9 所示是任务 1 的活动评价表，此评价表中设计的评价主体有学生自己、小组成员以及教师，评价方式有自评、互评等。

表 5-9　"巧玩五子棋"任务 1 活动评价表

评价维度	评价内容	评价标准	评价方式/工具
资料收集	五子棋相关资料收集的真实性、多样性与完备性	☆☆☆☆☆	自评 互评
模型建立	1. 理解五子棋棋谱与平面直角坐标系之间的关系 2. 将五子棋棋谱用平面直角坐标系的形式进行表示	☆☆☆☆☆	自评
平面直角坐标系相关知识	理解平面直角坐标系的概念、有序实数对的概念	☆☆☆☆☆	课堂练习
合作交流	1. 与小组其他成员分享交流收集的五子棋相关资料的积极性与主动性 2. 合作设计简易版五子棋游戏规则及对弈中的表现	☆☆☆☆☆	互评 教师评价

表 5-9 中涉及的自评表可以参看表 5-10，自评表由学生完成任务后自己填写，自评可以帮助学生了解自己在活动中的收获与不足，了解自己努力的方

向等，反思自身优势和短板，提升自我能力，这些不能由教师评价所替代。

表 5-10　"巧玩五子棋"任务 1 学生自评表

评价维度	具体内容	打"√"	改进措施
我在五子棋的知识方面有哪些问题（多选）	没有问题		
	对五子棋的发展了解欠缺		
	对玩五子棋的技巧不了解		
	对玩五子棋的规则不了解		
	都不了解		
我对平面直角坐标系的了解程度如何（单选）	相关概念完全了解		
	对有序实数对不太了解		
	对平面直角坐标系与生活实际的关系不太了解		
	对平面直角坐标系的概念不太了解		
	完全不了解		
组队积极性（单选）	积极参与分组活动		
	主动组队，但不够积极		
	等待其他人邀请		
	等别人组完队之后，剩下人员自行组成一队		

表 5-9 中涉及的互评表可以参看表 5-11，学生互评是以小组成员为评价主体，对小组内的其他成员进行评价，互评的主体和对象是同龄人，他们在进行评价时更容易从学生角度出发，更能够在合作协调过程中看清对方、理解对方，也能够在评价成员的同时对照自己，反思自己，达到双重效果。

表 5-9 中涉及的课堂练习以及教师评价，这里不再进行详细举例，其中教师评价表的设计以及表 5-9 中的评价标准都可以参考评价量规中的表 5-14。

（2）评价维度

项目化学习是提出真实问题，分析问题，解决问题，形成项目成果的过程。①项目化学习的评价是伴随着项目的进行而展开的，在展开的过程中，需

---

① 夏雪梅. 指向核心素养的项目化学习评价［J］. 中国教育学刊，2022（9）.

表 5-11　"巧玩五子棋"任务 1 学生互评表

评价对象：_____

评价维度	具体内容	得分（1～5）
五子棋相关知识的收集	知晓五子棋	
	对五子棋发展情况的了解程度	
	对玩五子棋规则的了解程度	
	对玩五子棋技巧的了解程度	
小组合作	积极参与分组活动	
	积极收集相关资料	
	积极与小组其他成员分享自己的想法	
	积极参与任务设计	
	愿意倾听小组其他成员的建议	

要评价的不仅仅是学生的知识技能掌握情况，还需要评价学生的能力、素养等。所以项目化学习的评价维度是多样的，主要分为学生的知识技能、学科素养以及学生能力素养。对于知识技能这个维度，在设计的时候需要将所涉及的相关知识进行细化，关注到知识点的深层次理解，充分了解学生对知识的掌握以及运用情况。学科素养主要是指第四章提到的数学核心素养。学生能力素养主要是指第四章提到的其他核心素养，这部分主要关注学生的非认知能力，了解学生在项目进行过程中思考与解决实际问题的能力、将实际问题转化为数学问题的能力、解决问题的能力、与小组成员团结合作的能力等，这些能力素养的评价是项目化学习的评价中十分重要的部分，也是需要特别关注的一个维度。

以"巧玩五子棋"项目为例，此项目的任务 1 活动评价表（表 5-12）中，评价维度是多样的，不仅有知识技能的评价，也有学科素养以及学生能力素养的评价。具体的维度可以参看评价量规中的表 5-14。根据不同的项目，选取合适的维度进行评价。若以知识为主，知识技能与学科素养这两个维度必不可少，若主要评价学生能力发展，则能力素养这个维度就更为重要，教师在进行设计时可以结合具体情况适当选取。

表 5-12　"巧玩五子棋"任务 1 活动评价表

	评价维度	评价内容	评价标准	评价方式/工具
能力素养	资料收集	五子棋相关资料收集的真实性、多样性与完备性	☆☆☆☆☆	自评 互评
学科素养	模型建立	1. 理解五子棋棋谱与平面直角坐标系之间的关系 2. 将五子棋棋谱用平面直角坐标系的形式进行表示	☆☆☆☆☆	自评
知识技能	平面直角坐标系相关知识	理解平面直角坐标系的概念、有序实数对的概念	☆☆☆☆☆	课堂练习
能力素养	合作交流	1. 与小组其他成员分享交流收集的五子棋相关资料的积极性与主动性 2. 合作设计简易版五子棋游戏规则及对弈中的表现	☆☆☆☆☆	互评 教师评价

（3）评价内容

项目化学习的评价内容要结合项目目标以及项目的具体内容来进行，也是对评价维度的具体阐述，主要包括知识技能、学科素养、学生能力素养这三个方面。知识技能包括学科知识、学科技能、学科思想方法、活动经验，它是学生进行项目化学习的工具，也是学生可以进行项目化学习的基础。学科素养是新课标提出的一个主要内容，是承载项目化学习的核心，初中阶段的数学学科核心素养主要表现为抽象能力、运算能力、几何直观、空间观念、推理能力、数据观念、模型观念、应用意识、创新意识。学生能力素养主要是指本书第三章介绍的其他核心素养，主要有科学精神、学会学习、责任担当、实践创新、合作协调、语言表达。

以"巧玩五子棋"项目为例，表 5-13 中的评价内容包含了三个维度，在具体设计过程中，教师可以根据项目的不同自行设计。

表 5-13　"巧玩五子棋"任务 1 活动评价表

	评价维度	评价内容	评价标准	评价方式/工具
学会学习	资料收集	五子棋相关资料收集的真实性、多样性与完备性	☆☆☆☆☆	自评 互评
模型观念	模型建立	1. 理解五子棋棋谱与平面直角坐标系之间的关系 2. 将五子棋棋谱用平面直角坐标系的形式进行表示	☆☆☆☆☆	自评
学科知识	平面直角坐标系相关知识	理解平面直角坐标系的概念、有序实数对的概念	☆☆☆☆☆	课堂练习
合作协调	合作交流	1. 与组员分享交流收集的五子棋相关资料的积极性与主动性 2. 合作设计简易版五子棋游戏规则及对弈中的表现	☆☆☆☆☆	互评 教师评价

（4）评价阶段

项目化学习的评价主要分为过程评价和成果评价两个部分。一个项目成果从设想到实现需要经历若干阶段和流程，并且由一系列相关联的任务构成，在完成项目的每一个阶段都需要评价的支持。过程评价可以对自己在活动中任务完成情况、阶段知识的学习情况作出评价，有利于对活动的过程进行有效的监控、反馈和调节，避免学生游离于项目之外。项目化学习的成果可以展现学生在整个项目化学习过程中的学习水平与学习能力，成果评价是对项目的最终成果的质量、学生对最终成果的贡献度进行评价，有利于反映学生在项目活动中的学习水平与能力水平。

以"巧玩五子棋"项目为例，此项目的评价不仅有每个任务的过程评价（每个任务的评价根据项目任务内容的不同，选择的评价工具也不同，涉及知识层面的可以利用练习等传统的评价方式，涉及学生能力素养方面的可以采用量表形式），也有成果评价（表 5-14）。

表 5-14　"巧玩五子棋"成果评价表

评价对象：＿＿＿＿＿＿＿

评价维度	评价标准			自评	互评	教师评价
	初级 C	良好 B	优秀 A			
1. 平面直角坐标系相关知识的运用	设计的五子棋规则中没有运用已知棋子的位置写坐标	设计的五子棋规则中运用了已知棋子的位置写坐标	设计的五子棋规则中运用了已知棋子的位置写坐标，并根据棋子的坐标确定棋子的位置			
	设计的规则中没有运用点沿与坐标轴平行的方向平移时的坐标变化	设计的规则中简单运用点沿与坐标轴平行的方向平移时的坐标变化	设计的规则中详细地描述了棋子在什么范围内应该如何平移			
	设计的规则中没有运用点关于坐标轴或原点对称的坐标变化	设计的规则中简单运用点关于坐标轴或原点对称的坐标变化	设计的规则中详细说明了棋子在什么情况下可以进行相应的移动变化			
2. 规则的合理性	设计的各个规则之间条理不清晰，相互之间有矛盾	设计的各个规则之间有一定的条理性，但有些规则之间有矛盾	设计的各个规则有条理，相互之间不矛盾			
	设计的规则难易度不均匀，不能正常实施	设计的规则难易度相对合理，适合部分学生	设计的规则难易度合理，适合所有程度的学生			
3. 规则的创新性	设计的规则没有层次	设计的规则有一定的层次，但不够清晰	设计的规则有层次，有梯度			
	设计的规则不够新颖，与原规则相差不大	设计的规则有一定的新颖性，在原规则基础上有相对多的变化	设计的规则十分新颖，打破原有的规则，与众不同			
	设计的规则方案形式普通	设计的规则方案形式有所不同	设计的规则方案形式独特			

（续表）

评价维度	评价标准			自评	互评	教师评价
	初级 C	良好 B	优秀 A			
4. 规则的清晰度	描述规则的语言烦琐，不清晰	描述规则的语言相对简洁，但部分描述不够清晰	描述规则的语言简洁清晰，不烦琐			
	描述规则的语言不通顺，不易于理解	描述规则的语言相对通顺	描述规则的语言十分通顺，易于理解			
5. 汇报人的语言表达情况	汇报人的语言表达断断续续，不流畅	汇报人的语言表达相对流畅，但有些啰唆	汇报人的语言表达简洁、清楚、流畅			
	汇报人思路不清晰，设计方案描述得不够完整	汇报人思路相对清晰，可以简单地描述设计方案	汇报人思路十分清晰，十分完整地描述设计方案			

（表格中灰色阴影部分不用填写，下同）

项目化学习一定有成果呈现，所以项目化学习的评价不仅需要有过程评价，还需要与具备定量功能的成果评价相结合，既关注过程，又关注结果，两者实现和谐统一。

（5）评价量规

简单而言，量规是一个评分程序或指南，列出了学生表现的特定标准，描述了在这些标准上的不同表现等级。一个好的量规可以强调关键的评价维度，给学生充分的指导，让学生知道什么是好的表现、成果，什么是不能接受的表现、成果，并对照自己和同伴的行为，引发学生的自我反思，引导学生更深层次的探索、创造与合作。[1]美国量规专家 Heidi Goodrich Andrade 指出评价量规无论是教学还是评估都可以帮助学生更加理性地判断自己和他人的作品。[2]夏雪梅博士指出现在通用性的量规主要有两类：学习实践类的量

[1]　夏雪梅. 项目化学习设计：学习素养视角下的国际与本土实践［M］. 北京：教育科学出版社，2018：116.

[2]　Heidi Goodrich Andrade. Understanding Rubries［J］. Edueational Leadership，1997，54（4）.

规，指向通用的 21 世纪技能/学习素养，如衡量学生合作能力、创新创造、批判性思维等的量规；项目成果类的量规，如项目展示量规、研究报告量规、演讲量规等。这些量规包含共同的维度，在很多项目中都可以使用。①

上述的表 5-9、表 5-10、表 5-11 均为项目化学习的过程中评价量规的具体例子，表 5-14 是成果评价量规的具体例子。具体的数学项目化学习的过程评价量规和项目成果评价量规设计可以参考以下评价量规表并使用其中的一部分制作评价表（表 5-15、表 5-16）。

表 5-15　数学项目化学习过程评价量规

评价维度	具体描述		
	初级 C ☆☆☆	良好 B ☆☆☆☆	优秀 A ☆☆☆☆☆
明确知识	在老师的引导下知道项目需要运用数学知识，但对项目所涉及的具体数学知识不太明确	在老师的引导下能够明确项目所涉及的数学知识	能够独自明确项目所涉及的数学知识
理解知识	对所涉及的数学知识只理解一部分	对所涉及的数学知识能够理解，但掌握程度有所欠缺	对所涉及的数学知识完全理解，并掌握得很好
知识运用	只能运用数学知识解决表面问题，不擅长用数学知识来解决相应的实际问题	能够知晓如何用数学知识来解决实际问题，但对于后续解决问题的路径有些模糊	对于整个项目问题能够清晰地给出用数学知识解决的路径，能够完整地向他人阐述自己的解决方案及思路
抽象思维	知晓须将项目的实际问题抽象为数学问题，但不太能理解实际问题与数学问题之间的潜在联系	能够将实际问题抽象为数学问题，能够理解实际问题与数学知识之间的联系，展示出一定的问题情境化能力	不仅能够将实际问题抽象为数学问题，还可以及时地给出用数学知识来解决实际问题的初步思路，具备清晰地展示问题情境化的能力

---

① 夏雪梅. 指向核心素养的项目化学习评价 [J]. 中国教育学刊，2022 (9).

评价维度	具体描述		
	初级 C ☆☆	良好 B ☆☆☆☆	优秀 A ☆☆☆☆☆
模型建立	用数学公式、图表、函数表达式等将实际问题转化为数学模型的能力有限，用数学知识解决生活、社会或其他学科问题的能力有限	能够利用数学公式、图表、函数表达式等将实际问题转化为数学模型，也能够理解并运用数学知识解决生活、社会或其他学科的问题	不仅能够利用数学知识将实际问题转化为数学模型，解决生活、社会或其他学科的问题，还对日常生活中包含的数学问题有着较强的洞察力
应用能力	将已有的知识应用在项目的具体任务中的能力有限	能够将已有的知识应用在项目的具体任务中，但应用得相对简单	不仅能够熟练地将已有知识应用在项目的具体任务中，还可以在此基础上升华
任务分配	知晓需分配的任务，但对自己和小组成员的能力分析判断不够准确，任务分配不够合理	有一定的能力可以分析自己和小组成员的优势和不足，任务分配相对合理	能够准确理性地分析自己和小组成员的优劣势，任务分配合理
合作交流	小组成员在问题解决过程中只顾着自己的部分，不能及时与其他组员沟通，遇到困难与其他组员合作解决的能力有限	小组成员在问题解决过程中能够及时与其他组员沟通交流，在完成自己的任务的同时也可以与其他组员合作完成其他任务	小组成员在问题解决过程中不仅能够积极与其他组员沟通交流完成自己的任务，也能够主动了解其他组员的进度，共同解决困难，推动小组任务的发展
阐述作品	能够简单地展示并阐述小组的作品，不能详细地说明作品的整个设计过程、作品的亮点以及创新点	能够完整地展示并流利地阐述小组的作品，能够大致说明整个作品的设计过程以及亮点、创新点	能够完整地展示并清晰顺畅地阐述小组的作品，逻辑清楚、有层次感，能够详细地阐述作品的设计过程以及自己的理解，凸显出整个作品的亮点和创新点
总结反思	有总结和反思，但不能清晰地总结归纳每个任务的内容及完成情况，没有及时地关注每个任务完成过程中出现的问题，逻辑模糊，反思不够	能够清晰地总结归纳每个任务的内容及完成情况，能够关注到任务完成过程中出现的问题，能进行一定深度的反思	在总结归纳每个任务的内容及完成情况时逻辑非常清晰，反应迅速，思维活跃，及时关注每个任务中出现的问题，有深度的反思，并提出修正方案

表 5-16　数学项目化学习成果评价量规

评价维度	具体描述			自评	互评	教师评价
	初级 C	良好 B	优秀 A			
知识技能	① 成果蕴含了本项目涉及的基础数学知识（有知识罗列现象） ② 成果中实际问题与数学知识的结合不够自然顺畅	① 成果蕴含了本项目涉及的数学知识，并对其进行较为合理的调整使用 ② 成果中实际问题与数学知识的结合相对自然顺畅	① 成果蕴含了本项目涉及的数学知识，并运用得恰如其分 ② 成果中实际问题与数学知识的结合自然顺畅，体现出数学的思想方法在解决实际问题中的运用			
成果设计	① 成果达到项目的基本要求，有一定的完整性 ② 成果的设计逻辑不够清晰，科学性不够强 ③ 成果的设计简单，选用的工具不太恰当，技术性不够强 ④ 成果的设计粗糙，审美性偏弱 ⑤ 成果的设计方案没有特色，切入角度一般，创新性偏弱	① 成果达到项目的基本要求，有一定的完整性 ② 成果的设计逻辑较为清晰，结构完整，有一定的科学性 ③ 成果的设计虽简单，但能够选用合适的工具进行分析，有一定的技术性 ④ 成果的设计有一定的艺术效果，表现力和感染力稍强，展现一定的审美性 ⑤ 成果的设计方案比较有特色，切入角度有些许不同，有一定的创新性	① 成果达到项目的要求，有一定的完整性 ② 成果的设计逻辑非常清晰，项目主旨表达清晰，语言严谨，结构完整，科学性强 ③ 成果的设计能够综合运用数学知识，能够选用恰当的工具进行分析，技术性强 ④ 成果的设计具有表现力和感染力，有相对强的艺术效果，展现好的审美性 ⑤ 成果的设计方案非常有特色，切入角度与众不同，作品素材新颖，创新性强			

（续表）

评价维度	具体描述			自评	互评	教师评价
	初级 C	良好 B	优秀 A			
成果展示	① 学生能够顺畅地展示成果 ② 学生没有利用信息技术等手段展示 ③ 学生语言表达不够清晰流利，不能准确地利用数学语言来阐述 ④ 学生展示成果时没有与其他人互动 ⑤ 面对他人提出的问题，学生不能给出合理的答案，应变能力有所欠缺 ⑥ 成果展示时，没有体现出小组成员之间的合作	① 学生能够顺畅地展示成果 ② 学生能够利用信息技术等手段展示 ③ 学生语言表达较为清晰流利，数学语言的使用较为精准 ④ 学生展示成果时较少与其他人互动 ⑤ 面对他人提出的问题，学生能给出答案，但不够及时，应变能力稍弱 ⑥ 成果展示时，小组成员能够进行简单的补充	① 学生能够顺畅地展示成果 ② 学生能够利用信息技术等手段展示 ③ 学生语言表达非常清晰流利，能够准确地利用数学语言来阐述 ④ 学生展示成果时能与其他人完美地互动 ⑤ 面对他人提出的问题，学生能及时回应，解释有理有据，应变能力强 ⑥ 成果展示时，小组成员能够积极地补充，做好坚强的后盾			

项目化学习的评价量规不是固定的、唯一的，在项目化学习的过程中，教师可以根据项目的特点以及学生的情况，自行制定或者与学生共同制定评价量规，形成更贴合学生实际，更能体现学生能力素养的量规。在评价时，教师也可以根据实际情况对自评、互评、教师评价等设置相应的权重，使最终的评价结果更为客观真实，展现学生的知识、能力、素养等，体现学生的活动经历与项目化学习的育人价值。

四、设计范式说明

教师在完成项目设计后，需要形成相应的案例，其中一般应包括项目简介、项目成果说明、项目目标描述、项目整体规划、项目核心活动设计、项目评价设计。以下是本研究提供的部分范式说明，希望能帮助教师在项目设计初期搭建一个相对明确清晰的基本框架，能更有条理地撰写项目案例。

1. 项目简介

项目简介需要简明、确切地概括出整个项目的设计理念与思路。构成元素主要包括项目开展的真实情境、项目涉及的学科知识与核心素养、项目规划的主要流程以及项目的最终成果。除此之外，还可以简要说明项目与其他学科或其他关键能力的融创特色。

以"为学校活动设计标志"（见本书《实践篇》）项目为例：

　　　　我们在生活中往往会看到很多不同的标志，比如车标、银行标志等各类商标，或者奥运会、国际数学大会等各类活动会标。本项目以 ···· 真实情境
"为学校活动设计标志"为主线，开展"图形的运动"单元的学习。知道图形可以通过平移、旋转和翻折形成新的图形，了解三种运动的基本概念与性质，会根据要求画出图形运动后的图形。经历"了解标志→ ···· 学科知识
学习设计标志方法→设计标志→呈现标志"的项目过程，完成为学校各类活动设计标志的设计稿。以"为学校活动设计标志"项目为载 ···· 项目规划
体，增强学生的几何直观，发展数学应用意识。在指导学生利用图形运动进行标志设计的过程中，可以进一步融合数学作图软件的使用，···· 核心素养
增强学生的信息技术素养。

图 5-19　"为学校活动设计标志"项目简介

2. 项目成果说明

项目成果是指在项目周期内经过规划、实施和完成后产生的作品、产品、报告等。项目成果一般不包含知识性成果。我们首先需要确定项目的最终成果形式，不同的成果形式有不同的最低要求。如果有实际产品，那么需要明确这个产品的具体要求，而为了对这个产品进行说明与阐述，一定会同时形成一份成果说明。这个成果说明往往以报告形式出现，至少需要包含产品的内在设计理念。也就是说，项目成果往往并不只是包含做出来的成果，还需要对怎么做出来的进行说明。

以"小小科学家——弹簧测力计的制作"（见本书《实践篇》）项目为例：

最终成果： 简易弹簧测力计的设计报告、简易弹簧测力计
成果说明：

　　弹簧测力计的发明对力学的发展有着至关重要的作用，在本项目中，学生需要在了解弹簧特性、掌握规律的基础上，综合运用数学、物理的知识，完成弹簧测力计的设计方案，并在不断地试验、修改过程中，完成简易弹簧测力计的制作。

　　设计报告中需包含弹簧测力计的设计原理及各部件设计说明。设计原理中应包含弹簧测力计的设计图纸及其绘制比例尺说明，各组成部分的详细说明，弹簧测力计的具体量程、单位、刻度及其说明。设计原理中应对所运用的数学知识作详细说明，并简单说明涉及的物理规律。 ┈┈ 设计报告成果要求

　　最后制作完成的简易弹簧测力计应标有清晰的刻度、单位及量程，且具备"测量力的大小"的实际功能。 ┈┈ 测力计实物要求

图 5-20　"小小科学家——弹簧测力计的制作"项目成果说明

3. 项目目标描述

　　项目目标是指在特定项目中所要达到的具体、明确和可测量的结果或成就。为了确保目标可以在规定周期内完成，通常与项目的推进过程紧密结合。因此，一般情况下，项目目标需要综合考虑项目承载知识与技能的学习要求、知识之间的逻辑顺序和关系结构，指向核心能力发展的学习过程与方法，体现学科育人价值的价值观与核心素养等三个目标维度。

　　以"教室装潢设计"（见本书《实践篇》）项目为例：

1. 了解生活中装潢设计师的工作，发现教室装潢设计中的长方体元素

项目的阶段任务　　　　　　承载核心知识

形成几何直观，发展应用意识
↓
数学核心素养

2. 在学习绘制装潢设计图过程中，掌握"斜二侧"画法，会画出长方体的直观图。在学习检验课桌椅是否损坏的方法时，理解直线与平面和平面与平面的位置关系的概念、原理，提高空间观念
3. 经历展示新教室装潢企划书活动，综合运用长方体相关知识绘制设计图与检验设计报告，在小组合作协调中进行实践创新，培养语言表达能力

图 5-21　"教室装潢设计"项目目标描述

4. 项目整体规划

　　项目整体规划是为了确保达到项目目标而进一步制订的一系列步骤和计

划，结合项目的做事逻辑与承载的数学知识建构，项目整体规划应该包括项目阶段任务、承载的相应核心知识以及阶段成果。其中项目阶段任务是基于完成项目成果的目标进行的任务分解。这些阶段任务的先后顺序对应解决实际问题的具体步骤，需要符合学生的认知规律。如有需要，还可以继续细化，形成不同的子任务。

与项目目标在整个项目的推进过程中应该保持一致不同，项目规划可以在不同的项目阶段进行调整和优化，以适应项目的变化。所以，根据不同学校实际学情和教学需求，项目规划可作一定的调整，体现一定的自主性。项目规划以表格形式呈现（如表 5-17 所示）。

表 5-17　阶段任务规划表

阶段任务	核心知识与素养	阶段成果
任务 1		
任务 2		
任务 3		

5. 项目核心活动设计

项目活动主要包括入项活动、探究活动、出项活动三类。根据不同的类型特点，围绕项目的真实情境，设计不同的学生活动。这里涉及的项目活动的时间和空间不局限于课堂，也可以在课后校外。项目活动的形式应该多样，比如：独立思考、独立探究、独立收集信息、小组调研、小组实验、小组讨论等。对应学生开展的活动，设计教师在这个过程中的引导过程，预设学生在活动中可能碰到的问题，这些都是教师需要填写的主要内容。如果项目的真实情境较为复杂，或者与本体知识的联系较为抽象，也可以在活动说明中进行整体阐述。

项目核心活动以表格形式呈现（如表 5-18 所示）。

6. 项目评价设计

项目化学习的评价量规不是固定的、唯一的，而是以项目活动为载体，从学生的实际情况出发建立起来的，包括但不限于项目化学习过程评价与项目化学习成果评价两方面。过程评价（如表 5-19 所示）与成果评价（如

表 5-20 所示）以表格形式呈现。

表 5-18　项目核心活动设计表

活动实践	学生活动	教师组织
任务 1		
任务 2-1		
任务 2-2		
活动说明		

表 5-19　过程评价表

评价维度	评价内容	评价标准	评价方式/工具
		☆☆☆☆☆	
		☆☆☆☆☆	

表 5-20　成果评价表

评价维度	评价标准			自评	互评	教师评价
	初级 C	良好 B	优秀 A			

第六章　项目实施方法

一、概　述

1. 界定

(1) 基本认识

在项目实施过程中，项目的内容需要与原有单元进行整合，从而形成基于单元教学的项目化学习的模式，达到通过项目化学习的方式转变传统单元教学方式的目的。但是项目化学习的引入往往和实际问题相联系，需要的基础知识和既定单元的知识内容不一定完全一致，因此就需要基于项目对原有单元进行整合，这种整合不是对原有单元学习方式的替换，而是根据项目任务和基础知识内容进行重新规划，是立足"四基"（基本知识、基本技能、基本思想、基本活动经验）改变教学方式，发展核心素养。

项目化学习在实践中主要分为长项目和微项目两个类别。在与单元教学结合的过程中，我们所实施的长项目一般指以单元教学为背景，在驱动型问题的指引下，贯穿整个单元的教学活动。微项目指以某个较小的驱动任务为指引，经历分析、解决问题的过程，可以替代部分单元功能，如单元活动、单元作业以及部分新知的教学过程。

(2) 主要意义

单元项目化学习是对《课标（2022）》中综合实践类活动的拓展与延伸，

综合实践活动一般是以学期为单位，在知识学习以外开展的探究活动，单元项目化学习不是独立于单元教学之外，而是融入新知的学习过程，采用"做"中"学"的学习方式，使得项目与知识学习相融合。

　　一线教师在完成项目化学习活动时，往往会担心学生在获得活动体验的同时，过多关注了数学以外的内容，而忽略了数学本体知识的学习，甚至把通过项目化学习习得的知识用讲授法再讲一遍，这样不仅不符合开展项目化学习的初衷，反而增加了教师与学生的负担。因此，如何将项目化学习方式与传统的数学教学方式结合起来，让学生在感悟数学基本思想和积累基本活动经验的同时也能落实数学的基本知识与技能，是项目实施中必须考虑的问题。

　　数学知识不仅来源于数学系统内部，也来源于社会生活实际。《课标（2022）》强调培养学生用数学的眼光看待世界、用数学的思维思考世界和用数学的语言表达世界。基于项目化学习的单元教学聚焦特定主题设计问题，以解决问题为主线，能将数学系统内部连接起来，也能将数学与社会生活实际相连接，使学生在项目活动中，通过解决这些问题，积累丰富的数学活动经验，领会数学内部与外部的联系。因此数学项目化学习是实现数学教学目标的有效途径。

　　2. 原则

　　（1）关注活动体验

　　基于项目化学习的单元教学在整合的过程中始终要以数学"四基"为核心。不同于传统教学更多关注"双基"，即基本知识和基本技能，项目化学习更侧重于积累基本活动经验，提升数学核心素养。在整合后的单元教学中，教师应更多关注学生的活动体验，帮助学生提炼其中的数学思想与解决问题的思维方式，从而发展核心素养。

　　（2）立足本体知识

　　单元项目化学习需要立足数学本体知识，重视数学本体知识的学习。

　　首先，要认识单元项目化学习有别于一般的项目化学习。单元项目化学习是通过问题驱动的形式引发学生思考，带着问题去学习数学知识，体会数学工具在解决问题过程中的重要性。

其次，数学知识间有很强的关联性，项目化学习中学习的知识往往是后续学习的基础，起到了承上启下的作用。如果这些知识与技能不能熟练掌握，会给后续学习带来困难，所以对项目化学习中涉及的重要基础知识与基本技能需要在单元内通过其他方式进行巩固。

最后，项目化学习容易让学生关注项目本身，忽略知识之间的联系，造成知识碎片化的现象。单元项目化学习将项目嵌入单元，在项目设计时尽量不影响知识脉络，如果不能将知识学习都融入项目中，就需要在实施过程中帮助学生建构知识体系。

（3）避免重复学习

在单元中引入项目化学习是为了转变学习方式，不能让项目化学习游离于新知学习之外，即要与单元教学相结合，同样的内容不能项目化学习学一遍，教师上课再教一遍，这样不仅不能达到转变学习方式的目的，反而增加了学生的课业负担。因此在项目实施过程中，首先需要合理分配项目化学习的内容，对于项目中缺失的、需要巩固的知识与技能以及需整理的知识结构，教师可以通过补充新授课、习题课、复习课等形式，确保知识结构的完整性，避免给后续单元学习带来负面影响。其次要控制整个单元的总课时量，在达成单元目标的前提下，尽量少增加甚至不增加课时量，避免重复学习。将项目化学习边学边实践的过程融入整个单元，真正做到基于项目化学习的单元教学，从而改变教学方式。

二、项目化学习与单元教学的整合方式

单元项目化学习中的"单元"主要还是基于课本，在已有知识结构的基础上做出适当调整，从而将项目任务和课堂教学融合在一起。依据不同的整合方式开展项目化学习，具体流程如图 6-1 所示。

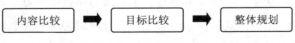

内容比较　➡　目标比较　➡　整体规划

图 6-1　基于项目化学习的单元教学实施流程图

1. 内容比较

在开展项目化学习和单元内容相整合的学习之前，需要先确定与项目相对应的单元，并对单元中的教学内容进行整合。先根据已经设计的项目中的主要知识内容，确定与之匹配的单元，再比较课本中知识内容与项目所需知识内容的差异，这样做的目的是找到项目学习与日常学习的切入点。

（1）内容匹配情况的比较

若通过比较发现本单元项目中所需的知识内容与课本中的知识内容基本一致，则不需要增加任何新知的课时；若有在本单元项目学习中不涉及的内容，需将其单独罗列，在基于项目化学习的单元规划时其按课时融入。

以"为学校活动设计标志"项目为例，表6-1是其项目规划的一部分，体现了项目任务与核心知识的联系。

表6-1 "为学校活动设计标志"项目任务与核心知识对应表

阶段任务	核心知识
任务1：认识生活中的标志	图形运动的三种类型
任务2：学习标志设计中的常用"技巧"	平移、旋转、翻折的相关概念、性质以及与其对应的作图方法
任务3：感受标志设计中的对称美	旋转对称图形、中心对称图形、轴对称图形的概念、性质以及与其对应的作图方法
任务4：设计一个有意义的标志	三种图形运动的综合应用

表6-1中提及该项目所涉及的核心知识，通过与项目所关联的课本第十一章《图形的运动》内容比较，发现都需要了解平移、旋转和翻折三种运动的基本概念与性质，知道旋转对称图形、中心对称图形、轴对称图形的概念，会画出图形运动后的图形等，知识结构完整。

再以"布展方案设计"项目为例，表6-2是该项目规划的一部分，也体现了项目任务与核心知识的联系。

表6-2中提及该项目所涉及的核心知识，虽然用到了一元二次方程的概念、解法、应用等相关知识，但与课本第十七章《一元二次方程》内容相比较，缺少了二次三项式的因式分解。

表 6-2　"布展方案设计"项目任务与核心知识对应表

阶段任务	核心知识
任务 1：了解布展方案设计	寻找未知量与已知量之间的等量关系
任务 2：在布展方案中设计含有正方形、圆形、扇形等平面几何图形的元素	一元二次方程的解、用开平方方法解特殊的一元二次方程
任务 3：在布展方案中利用"围栏"进行功能区划分	用配方法解一元二次方程
任务 4：你的布展方案设计可以实现吗？	用公式法解一元二次方程及利用根的判别式检验实际方案
任务 5：在布展方案中设计参观路线	用因式分解法解一元二次方程

除了以上两种情况以外，还存在第三种内容比较的情况。这主要以微项目为主，与课本中的知识内容会有较大差异，甚至仅包含课本知识内容中的一小部分，以"美图修修——校园照片美化"项目为例，表 6-3 是该项目规划的一部分，也体现了项目任务与核心知识的联系。

表 6-3　"美图修修——校园照片美化"项目任务与核心知识对应表

阶段任务	核心知识
任务 1：初识构图，制作模板	了解黄金分割的意义，掌握用尺规作线段黄金分割点的方法
任务 2：操作实践，设计优化	运用黄金分割的原理，借助数学几何动态软件自制模板，拍照并美化校园照片
任务 3：汇报交流，展示评价	

表 6-3 中，该项目仅有任务 1 与课本第二十四章《相似三角形》知识内容相关联，且只涉及黄金分割这一个知识点。

（2）内容片面化的情况

有些项目的项目任务与单元知识相同，但是在实践过程中，由于项目化学习中的数学知识主要从应用角度来组织教学，而课本中的数学知识则有既定的逻辑顺序，对于同一个知识内容，项目化学习中所用到的可能仅是该知识的局部内容，造成内容片面化的情况。下面以"巧玩五子棋"项目为例。

表6-4　"巧玩五子棋"项目任务与核心知识对应表

阶段任务	核心知识
任务1：设计新的棋谱记法	有序实数对、平面直角坐标系的认识
任务2：五子棋新规则的基础版	用坐标表示平面内的点，能根据坐标在平面内描点，坐标平面内的象限，会用代数形式表示垂直于坐标轴的直线，会求平行于坐标轴的直线上两点的距离
任务3：五子棋新规则的进阶版	平移前后的对应两点的坐标关系，关于坐标轴对称的两点、关于原点对称的两点的坐标关系
任务4：设计五子棋的新规则	平面直角坐标系的综合应用
任务5：介绍小组设计的新规则并用新规则开展PK赛	

从表6-4可以看出"巧玩五子棋"项目任务与沪教版第十一章《平面直角坐标系》核心内容基本一致。但在项目化学习的过程中，五子棋一般都下在格点上，即它的横纵坐标都为整数，与数学中"有序实数对"的概念并不吻合，"五子棋"≠"有序实数对"。教师后期需要增加适当的引导帮助学生将对坐标的认识从整数拓展到实数，以免对后续函数等知识的学习造成影响。

2. 目标比较

项目目标是指在特定项目中所要达到的具体、明确和可测量的结果或成就。为了确保目标可以在规定周期内完成，通常与项目的推进过程紧密结合。而单元教学目标则是在单元规划和单元教材教法分析的基础上，综合考虑单元内知识与技能的学习要求、知识之间的逻辑顺序和关系结构。虽然项目化学习同样都关注三维目标，但与单元目标相比仍存在一定差异。

与传统的讲授式教学相比，项目化学习的优势在于更加关注过程与方法、情感态度与价值观维度，学生通过参与数学学习和问题解决活动后获得的积极的情感体验、价值观确立、思维品质发展等，凸显学科与人文价值的导向。但项目化学习的不足在于某些基本技能在学习过程中使用次数较少或不全面，知识技能的认知水平不能达到单元目标所要求的层级，在过程与方法上偏重于应用，而缺少从学科自身需求出发思考问题，使得知识间的关联度不强。因此开展单元教学时要基于项目化学习和讲授式教学的特点，充分发挥两者的优势，弥补不足。既关注单元教学的本体知识，又能够在情感态度与价值观目标上充分体现以学生为本的育人价值，通过真实情境引入学习活动，在活动中提高学习兴趣，发展思维品质。

正是由于通过项目化学习并不能完全达成单元目标，在基于项目化学习的单元教学实施中，需要先进行目标比较，尤其是需要综合考虑项目承载知识与技能的学习水平要求、知识之间的逻辑顺序和关系结构、指向核心能力发展的学习过程与方法这三个方面。通过比较找出不足，为后续单元整合做好准备。

（1）知识与技能的学习水平比较

无论是项目化学习还是讲授式教学，知识与技能都是三维目标的基石，因此需要梳理两者之间知识与技能目标的异同。在比较过程中，要重点关注两个方面，即知识与技能目标内容的不同和知识与技能水平的不同。

即使是相同的知识与技能，其认知水平的层级也会存在差异，如有的单元目标中的某些基本技能要求熟练掌握，项目化学习目标的认知水平只需要学生对某些知识有初步了解。

以"我的理财手账"项目为例，见表6-5。

表6-5 "我的理财手账"项目目标和单元目标比较

项目目标	单元目标
根据理财手账的内容需求，合理选择有理数的加法、减法、乘法、除法、乘方运算方法，并会运用其运算法则进行有理数运算，形成数据观念（只涉及整数和小数）	经历确立有理数的加、减、乘、除、乘方运算法则的过程，掌握有理数加、减、乘、除的运算法则和运算律以及有理数乘方的概念和运算法则 能够正确、合理地运用有理数的运算法则和运算律进行计算①

对照课本中的单元目标，该项目对应沪教版第五章《有理数》单元，通过目标比较发现项目化学习和单元教学都需要掌握有理数加、减、乘、除的运算法则和运算律以及有理数乘方的概念和运算法则，能够正确、合理地运

---

① 上海市中小学（幼儿园）课程改革委员会. 数学教学参考资料六年级第二学期［M］. 上海：上海教育出版社，2020：6.

用这些法则和运算律进行计算。但项目化学习的有理数运算需要根据理财手账的内容需求进行，这和单元目标中的要求在水平层级上是不同的。"掌握"是"运用"层级的学习水平的行为动词，指的是能把握数学知识的内容及其形式的变化，并能解决数学内部问题以及简单的实际问题；"会"则是"理解"层级的学习水平的行为动词，指的是运用相关知识与技能解决简单问题。"会"的要求显然低于"掌握"，项目化学习在该目标实践上无法达到单元目标的学习要求，因此在后续单元整合中需要将不同的目标水平进行统整规划。

（2）过程与方法的比较

项目化学习和讲授式教学都会关注学习过程，不过也不尽相同，项目化学习更多关注任务解决过程中基本经验的积累，侧重于知识应用过程，有具体的应用场景，培养学生主动学习的意识，发展学生的数学核心素养；而讲授式教学通常围绕数学知识展开，侧重于数学内部的自洽性与完备性，相较于项目化学习更抽象。所以在比较两者的过程与方法的目标过程中，需要找出差异，尤其是部分项目目标体现了较强的学习过程与方法，缺少单元知识形成的过程，在单元规划时需要进行整合。

项目化学习是外显的过程，是具体数学活动的表现。单元教学是内隐的过程，是数学抽象的体现。两者关注的过程不同，因此就产生了差异。

以"小小科学家——力的合成与分解仪"项目为例，表 6-6 体现了本项目所要达到的具体、明确和可测量的目标。

从表 6-6 中可以看出，该项目以设计力的合成与分解仪为主线，只运用了向量加减法的平行四边形法则这一知识点，在实施中直接给出法则，学生加以运用。对照课本中的单元目标，该项目对应沪教版第二十二章《四边形》第四节"平面向量及其加减运算"，学生按照先学习平面向量加法的三角形法则，然后运用类比的数学方法，类比有理数减法的学习过程，将向量减法转化为向量加法，最后再学习向量的平行四边形法则，这样的学习过程符合学生的认知发展，具有适度的严谨性。相较于单元学习过程，该项目化学习缺少知识学习的过程和数学思想的渗透，与单元目标存在差异。

表6-6　"小小科学家——力的合成与分解仪"项目目标和单元目标比较

项目目标	单元目标
1. 通过对力的相关概念的探究，形成向量的概念，理解力与向量的关系，掌握向量的相关概念 2. 经历力的合成与分解仪的设计过程，体会向量加减法的应用，<u>掌握向量加减法的平行四边形法则</u>	理解有向线段、向量及其有关的概念；<u>初步掌握向量加法运算的三角形法则、平行四边形法则以及多个向量相加的多边形法则，会用画图的方法求和向量</u>；初步掌握向量减法的三角形法则，并能类比有理数减法将向量减法转化为向量加法，会用画图的方法求差向量。①

3. 整体规划

基于项目化学习的单元规划是教师在《课标（2022）》指导下，通过对课本的解读和项目的理解，将两者进行合理编排，形成一个关注学生活动体验、立足本体知识、避免重复学习的单元教学。

传统的单元教学一般按照课本中既定章节进行划分，知识间联系紧密，有利于学生形成较为完整的知识结构。而项目化学习中的知识是与要解决的问题相关，知识跨度大，对原单元的知识内容会产生学习不足的影响。在规划的过程中，既要关注项目与单元知识整体整合的情况，又要关注除了单元知识以外的作业、活动和评价的整合。以下我们就从这两方面进行规划：

（1）基于单元完整性的整合

我们首先基于单元内容和目标比较之后进行整合，从而使得原有单元内容结构的完整性可以延续。通过整合使得项目化学习的优点在单元内充分体现，单元学习中强调知识的特性也可以融入项目化学习，将单元融入项目，真正做到基于项目化学习的单元教学。

① 基于知识内容的单元整合

通过内容的比较，我们找到了项目化学习内容与单元教学内容的差异，因此在整合的过程中，我们需要基于内容的差异进行规划。

---

① 上海市中小学（幼儿园）课程改革委员会. 数学教学参考资料六年级第二学期［M］. 上海：上海教育出版社，2020：79.

完全匹配：在部分项目中，每一个项目任务都能找到与之完全对应的单元知识内容，在完成任务的过程中，也完成了单元既定的学习任务，做到项目与知识完全匹配。

以"为学校活动设计标志"项目为例，首先定位该项目所对应的单元是《图形的运动》，一般建议课时安排为 6 课时，分别对应课本内容中的平移、旋转、旋转对称图形与中心对称图形、中心对称、翻折、轴对称与轴对称图形。在开展项目化学习的过程中，我们将任务拆解成若干子任务，每一个子任务对应相应的教学内容，如表 6-7 所示。

表 6-7　"为学校活动设计标志"项目与知识匹配表

项目任务	核心知识
任务 1：认识生活中的标志	认识图形运动的基本性质
任务 2-1：学习标志设计中的常用"技巧"（1）	平移
任务 2-2：学习标志设计中的常用"技巧"（2）	旋转
任务 2-3：学习标志设计中的常用"技巧"（3）	翻折
任务 3-1：感受标志设计中的对称美（1）	旋转对称图形与中心对称图形
任务 3-2：感受标志设计中的对称美（2）	轴对称与轴对称图形
任务 4：设计一个有意义的标志	单元复习
任务 5：介绍小组设计的标志	

通过比较发现，该项目与单元内容完全匹配，每一个任务都能找到相应的单元内容，因此不需要增加课时进行补充。由于本单元内容仍属于直观几何学习阶段，以直观与操作相结合，学生通过项目代学习过程中的设计观察、操作等环节，在小组合作中亲自动手、亲身感受，用自己的体验来认识图形的运动及图形的对称性，加深学生理解知识的形成过程，更激发学生参与学习活动的积极性。

内容缺失：若已有项目任务所对应的数学知识与相关单元内容不一致，例如：项目所需知识内容相较于单元知识而言缺少了一部分，那么我们就需在避免重复学习的基础上，适当增加课时完成本单元需要完成的教学内容，如增加新授课，使得单元完整性得以保障。

　　以《布展方案设计》项目为例，首先定位该项目所对应的单元是《一元二次方程》，一般建议课时安排为11课时，分别对应课本内容：一元二次方程的概念，一元二次方程的四种解法，一元二次方程根的判别式，一元二次方程的应用和单元复习。其次在项目实施层面，我们将任务进行拆解，每一个子任务对应相应的教学内容，与单元内容对比如图6-2所示。

项目知识	单元知识
• 建立未知量与已知量之间的等量关系 • 开平方法解特殊的一元二次方程 • 配方法解一元二次方程 • 公式法解一元二次方程及根的判别式 • 因式分解法解一元二次方程 • 一元二次方程的应用	• 建立未知量与已知量之间的等量关系 • 开平方法解特殊的一元二次方程 • 配方法解一元二次方程 • 公式法解一元二次方程 • 因式分解法解一元二次方程 • 一元二次方程根的判别式 • 二次三项式的因式分解及一元二次方程的应用

图6-2　《布展方案设计》项目知识比较图

　　通过比较发现，该项目与单元内容不完全匹配。两者共有的部分是一元二次方程的概念、一元二次方程的四种解法以及方程应用。项目知识缺少了重要的内容：二次三项式的因式分解，从学科的角度来看这个教学内容在数学学习中有重要作用。二次三项式在实数范围内因式分解，不仅是对一元二次方程的重要应用，而且也将因式分解由有理数扩大到实数范围，改变了学生原有的知识结构，是对因式分解的再认识。因此在完成项目后，引导学生从数学的角度再次审视一元二次方程，可以提出以下问题：学习一元二次方程对原有的知识（因式分解）会产生什么影响？这部分的内容可以通过增加对应课时的新授课，补充相应的例题和练习，从而完善单元教学。

　　内容片面：有些项目的任务与单元知识表面上完全一致，但实际上有缺失，过于片面，从数学角度思考，只是用驱动型问题引入学习的过程，对学生整体把握单元内容实质有所欠缺。因此我们需要补充相应练习，起到巩固知识结构的作用。

以"巧玩五子棋"为例，本项目所定位的单元是《平面直角坐标系》，一般建议课时安排为 6 课时，内容包含：平面直角坐标系的概念、直角坐标平面内点的运动和单元复习。通过梳理项目所设计的任务内容，发现每一个任务都能找到相关数学知识与其对应，但实际学习中会发现，五子棋的规则是运用于格点上，即五子棋只能下在横、纵坐标为整数的地方。因此在单元整合时新增了第 7 课时，对本单元知识补充习题课，增加对于非整数点的内容的练习，通过这一课时来完善对整个单元知识的理解掌握。增加的这节习题课对于整个单元知识的结构起着重要的作用，用"有序实数对"表示平面内的点，也是对学生进行数学的想象和理性思维的培养，让学生从中得到理性精神的教育，这也是基于核心素养培育的学习要求。因此在完成项目后，引导学生从数学的角度再次审视平面直角坐标系，可以提出以下问题：是不是直角坐标平面内所有点都有唯一的有序数对与它对应？这些点的坐标都是整数吗？类比数轴的学习过程，直角坐标平面内的所有点与什么之间存在一一对应的关系？学习有序实数对对今后学习哪些知识会产生影响？这部分的内容，可以通过增加习题课，补充相应的例题和练习，以完善单元教学。

② 基于目标差异的单元整合

通过目标比较，我们发现了项目化学习和单元教学的差异，既有知识水平的差异，也有目标中过程与方法的不同，针对以上问题，我们需要将项目和单元进行合理整合。

知识水平不同：一些项目目标的知识水平与单元目标的知识水平不一致，存在低于单元目标要求的情况，需要通过整合，补充相应练习，使学生达到单元目标所需的学习水平。

以"我的理财手账"为例，它的目标中涉及有理数的运算法则和运算律，学生需要在问题解决过程中，根据手账内容对相关数据进行简单运算。但是对照它所对应的单元《有理数》的目标要求发现，此处所指的有理数运算不仅包括了整数、小数，还包括分数、大数，项目目标仅是"掌握其运算法则，准确熟练地进行有理数运算"。两者水平差异的最主要原因是项目化学习的运算是基于真实背景的运算，涉及的数往往是整数或者小数，教师依据背景将目标水平弱化了。但实际单元教学中，不仅仅是整数和小数的运算，还有分数和大数的运算，运算难度不同，水平要求也不同，所以需要在单元规划中增加习题课，补充分数和大数的运算，增加学生的运算能力，掌握有理数的运算法则和运算律，能够正确、合理地运算。

有理数的计算这个版块的内容是培养学生计算能力的重要环节，是今后学习其他数学知识和基本技能的基础，在以后学习实数、复数的四则运算时同样适用，也是代数式运算的基础。

过程与方法不同：项目化学习与单元教学在过程和方法上侧重不同，项目化学习侧重实践活动中的经验积累，单元教学侧重知识生成的具体过程，在将两者整合的过程中，需要梳理知识，建立联系，使得学生经历完整的学习过程，体会知识发生发展的过程，从而内隐形成对知识结构的理解。

以"小小科学家——力的合成与分解仪"为例，在问题解决过程中，项目化学习的目标是理解向量的相关概念和掌握向量加法的平行四边形法则，这与《平面向量及其加减运算》单元目标中学习过程与方法的目标是不符的，在单元教学中，学生需要经历"向量概念——加法的三角形法则——减法的三角形法则——加法的平行四边形法则"这一过程，并且通过类比有理数减法将向量减法转化为向量加法，从而得到向量加法的平行四边形法则。

对照课本，本单元教学一般建议为 6 课时，根据教学顺序，选择将缺失的教学过程与方法作为新课插入项目化学习中。在新授课中，先类比数的加减法，然后借助几何直观得出差向量的作法（向量减法的几何意义），再将向量减法定义为向量加法的逆运算，即如果 $b + x = a$，则 x 叫作向量 a 与 b 的差，给出向量减法的定义，最后在相反向量的基础上，用向量加法来定义向量减法。

通过以上的学习过程，使得学生能够完整地学习本单元知识中的数学方法和思想，从而完成项目任务。具体规划如图 6-3 所示。

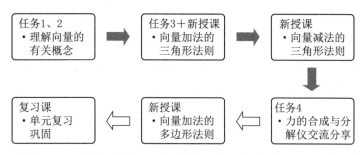

图 6-3 "小小科学家——力的合成与分解仪"项目规划流程图

通过重新规划整合，使该项目的单元教学以课本内容为线索，以项目化学习贯穿整个单元学习的外在显现过程，直观感知，强化操作，并且通过类比数的减法得到向量减法的三角形法则，最后完成项目任务，为学生后续学习打下基础，增强学生学习向量的信心。

③ 具体实践案例

以"我的理财手账"为例，经历了如下从比较到整合的步骤：

内容比较：本项目对应单元为沪教版第五章《有理数》，比较后发现知识内容上需要补充数轴、绝对值、科学记数法的内容，即新授课。如图 6-4 所示。

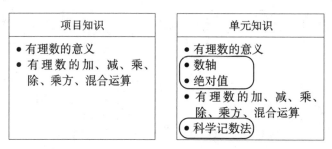

图 6-4 "我的理财手账"项目知识比较图

目标比较：通过与单元目标比较，发现项目内容中涉及的有理数的运算与项目本身应用背景有关，不涉及分数和大数，且学习水平低于单元学习水平要求，使得学生数域学习不完整（详见图 6-5），因此需要补充有关有理数运算的练习，即习题课，以夯实巩固学生所学知识。

整体规划：基于以上比较，在最后整合的过程中将项目与单元相融合，形成新的单元。课本中本单元一般建议课时安排为 14 课时，通过整合后依旧为 14 课时。在单元规划中，将数轴和绝对值的内容插入任务 1 和任务 2 之间（见图 6-5），是基于课本中既定单元内容顺序而定的，数轴和绝对值是在学习了有理数的意义以后展开学习的，数轴可以直观地表示有理数的正负性、与原点的距离（绝对值）以及点与点间的距离，并且引入了相反数，使得有理数都可以用数轴上的点表示。两个有理数的大小由它们在数轴上对应点的位置来确定，右边的点对应的数大于左边的点对应的数，所以很自然地就可以想到利用数轴来比较有理数的大小，体现了数形结合的思想，为后续学习有理数的运算做好准备。具体规划如图 6-5 所示。

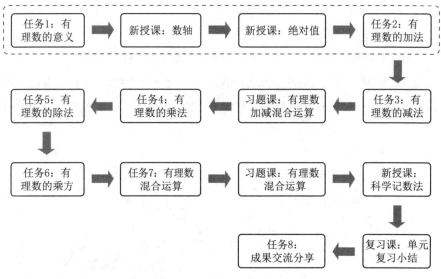

图 6-5　"我的理财手账"项目规划流程图

（2）基于单元多元性的整合

单元完整性的整合是基于单元内容和目标的比较，是将单元融入项目，而单元中的要素还包含了其他方面：单元活动、作业、评价等。作为单元的多元组成部分，我们还可以将项目融入活动、作业、评价中，根据项目化学习和单元的各自特点进行整合，从而体现项目融入单元的特征。

① 单元活动

基于项目化学习的单元活动极大地拓展了单元活动的时空。在时间上，不拘泥于一节课的活动，而是将其拓展到了整个单元的活动，留给学生充分思考和实践的时间。在空间上，活动走出课堂，延伸到了课外，学生还可以运用信息技术查阅资料，并且可以通过软件制作等形式呈现不一样的活动成果。

传统的单元活动是单元教学的重要组成部分，是在单元教学、流程确定的基础上，为促进学生对知识的理解与运用以及实践、探究、创新能力的发展，针对具体单元教学内容而开展的活动。①以往教学中，我们会在新课全部完成后增加一个单元活动，让学生体会知识运用的过程。项目化学习的特点就是将这个活动贯穿始终，学生在潜移默化中既学习了新知，也完成了项目成果。基于项目化学习的单元活动有助于学生思考数学的运用，有助于学生提高数学素养，有助于激发学生对数学的兴趣，有助于发挥学生的主体作用。

以“为学校活动设计标志”和“巧玩五子棋”项目为例，这两个项目在原单元教学中都是在单元内容学习后，对应课本单元的课后探究活动。通过项目整合的形式，将其整合成项目化学习，融入整个单元教学。学生活动的设计在学习新知的同时，也为项目成果的落实打下了基础。

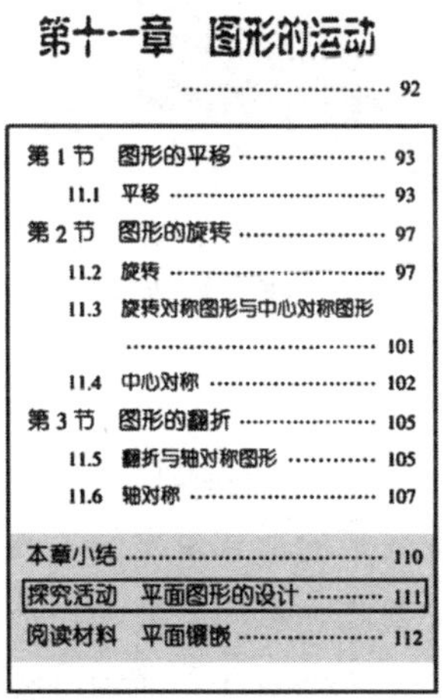

第十一章 图形的运动 …… 92

第 1 节 图形的平移 …… 93
11.1 平移 …… 93
第 2 节 图形的旋转 …… 97
11.2 旋转 …… 97
11.3 旋转对称图形与中心对称图形 …… 101
11.4 中心对称 …… 102
第 3 节 图形的翻折 …… 105
11.5 翻折与轴对称图形 …… 105
11.6 轴对称 …… 107
本章小结 …… 110
探究活动 平面图形的设计 …… 111
阅读材料 平面镶嵌 …… 112

图 6-6 《图形的运动》单元探究活动

“为学校活动设计标志”就是一个完整的单元活动，如图 6-6 所示，通过比较发现，原先该活动作为单元探究活动，在单元内容全部完成之后展开，起到巩固新知的作用。而通过项目化学习“为学校活动设计标志”这个主要任务，学生经历从了解到学习再到设计标志的项目过程，从零开始学习，每完成一个任务就代表学习了一部

① 上海市教育委员会教学研究室. 初中数学单元教学设计指南［M］. 北京：人民教育出版社，2018：43.

分单元知识，循序渐进。通过直观感受，理解图形的三个基本运动，学会相对应的作图方法，经历从生活实际融入数学知识的学习过程，体验数学来源于生活又服务于生活。整个项目的学习连贯性较高，与单元匹配性高，学生相当于在完成一个完整的单元活动。单元中每一个子任务的确定和完成都为学生小组自主设计学校的活动标志打下了基础，培养了学生的创新意识、应用意识。尽管项目化学习和单元教学的活动本质不同，但是通过基于项目化学习的单元教学，学生不仅掌握了图形本身的基础概念，还提升了空间观念和模型观念。

　　"巧玩五子棋"项目也是如此，如图 6-7 所示，是单元《平面直角坐标系》的单元探究活动二。将该项目整合后，与单元教学相契合，通过项目任务的划分，我们可以看到这就是一个完整的单元活动，将原本放在单元后独立进行的活动融入整个单元，与原单元相匹配。最后增加了一节对本单元知识的补充习题课，为今后学习与平面直角坐标系相关的知识做了铺垫，尤其是八年级开始的函数教学，都需要用到该部分知识，使得项目为教学服务，教学为项目支撑，两者互利互惠，最后都落实在发展学生核心素养上。

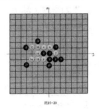

图 6-7　《平面直角坐标系》
单元探究活动二

　　② 单元作业

　　项目化学习的作业极大地丰富了单元作业形式，从单一的纸笔作业拓展到多种作业样式，包括调查报告、设计图纸等，作业完成的形式也发生了改变，从学生个人完成到小组合作完成。传统单元作业是指在单元的教学目标和教学内容指导下形成的用于单元教学的课后学习任务。①项目式作业则以阶段性成果为主，强调在项目化学习过程中经历的过程性的作业。项目化学习

──────────

　　①　上海市教育委员会教学研究室. 初中数学单元教学设计指南［M］. 北京：人民教育出版社，2018：57.

的作业具有探究性、开放性。通过整合的形式，我们将部分微项目存在的知识点单一、零碎的特点与单元作业进行联系后，有效地解决了问题，并且提升了学习效率。

以"美图修修——校园照片美化"为例，这个项目只有其中一个任务是在课堂教学中完成的，其余都作为单元作业的形式呈现。将项目融入单元作业，避免了重复学习，不增加额外课时负担，又丰富了作业形式。

表6-8中的阶段成果是单元作业的体现，任务1作为新课内容作业起到了巩固新知的作用，并且为整个单元活动的作业做好前期准备。任务2、3学生可以在课后将其完成，以长作业的形式呈现，并且给学生预留充分的完成时间，它与知识技能类型作业不冲突，因此学生在完成基础型作业后也可以有充分的时间思考完成。这就体现了基于项目化学习的单元作业的探究活动、实践应用的特点。

表6-8　"美图修修——校园照片美化"阶段任务与阶段成果表

阶段任务	阶段成果
任务1：初识构图，制作模板	"黄金分割构图"模板
任务2：操作实践，设计优化	初版照片、美化后的校园照片
任务3：汇报交流，展示评价	一张或一系列有构图美的校园照片、汇报PPT

③ 单元评价

项目化学习与单元教学整合过程中，需要对项目化学习表现与讲授式学习过程的表现作一个综合评价，评价方式多样，力求简洁明了。如表6-9所示，项目化学习与讲授式教学评价的侧重点不同，因此表6-9中选取了两者都具有的评价维度，其中知识主要指对整个单元知识技能目标的达成度；活动既指项目活动中的参与度、贡献度，也指讲授式教学过程中的课堂学习阶段回答教师提问、课堂练习、小组活动的表现；作业既指项目化学习中阶段性成果的表现，也指传统纸笔作业的表现。

表6-9　项目化学习的单元评价表

学习表现	自　评	教师评价
知识	☆☆☆☆☆	☆☆☆☆☆
活动	☆☆☆☆☆	☆☆☆☆☆
作业	☆☆☆☆☆	☆☆☆☆☆
教师建议		

实　践　篇　|

为学校活动设计标志

上海市格致初级中学　杨晓韵

一、项目简介

我们在生活中往往会看到很多不同的标志，比如车标、银行标志等各类商标，或者奥运会、国际数学大会等各类活动会标。本项目以"为学校活动设计标志"为主线，开展《图形的运动》单元的学习。知道图形可以通过平移、旋转和翻折形成新的图形，了解三种运动的基本概念与性质，会根据要求画出图形运动后的图形。经历"了解标志→学习设计标志方法→设计标志→呈现标志"的项目过程，完成为学校各类活动设计标志的设计稿。以"为学校活动设计标志"项目为载体，增强学生的几何直观，发展数学应用意识。教师在指导学生利用图形运动进行标志设计的过程中，可以融合数学作图软件的使用，增强学生的信息技术素养。

二、项目成果

最终成果：体育节（艺术节、科技节）标志设计稿

成果说明：

学校每年都会召开不同的特色活动，比如科学节、艺术节、体育节等。

不同的活动主题需要一个与之匹配的活动标志。在本项目中，学生作为标志设计者，选择与活动匹配的图形元素，利用图形的运动相关知识，完成一份标志设计稿。

设计稿需要包含最终的标志图形与设计说明。标志图形可以是用尺规完成的手绘图，也可以是用数学作图软件制作的电子图。设计说明至少包括标志的设计内涵与所运用的数学知识两方面。

三、 项目目标

1. 了解生活中常见标志的设计内涵及设计要点，发现图形经过平移、旋转、翻折运动后形状大小不变的共性，增强几何直观，发展应用意识。

2. 在学习标志设计中的常用"技巧"时，理解图形的平移、旋转、翻折的概念及性质，会画出运动后的对应图形。在感受标志设计中的对称时，理解旋转对称图形、中心对称图形、轴对称图形的概念、性质，感受数学之美。

3. 经历标志设计和标志呈现两个阶段，综合应用图形的运动相关知识诠释标志，小组成员加强协调合作，进行实践创新，发展语言表达能力。

四、 项目规划

阶段任务	核心知识与素养	阶段成果
任务 1：认识生活中的标志	图形运动的三种类型 几何直观	标志评价量表
任务 2：学习标志设计中的常用"技巧"	平移、旋转、翻折的相关概念、性质以及与其对应的作图方法 几何直观	对应三种运动的阶段设计图
任务 3：感受标志设计中的对称美	旋转对称图形、中心对称图形、轴对称图形的概念、性质以及与其对应的作图方法 几何直观	对应三种对称的阶段设计图

（续表）

阶段任务	核心知识与素养	阶段成果
任务 4：设计一个有意义的标志	三种图形运动的综合应用 实践创新、协调合作、应用意识	标志设计稿

五、 项目核心活动

活动实践	学生活动	教师组织
任务 1	入项活动 1.分享课前收集的标志及其设计理念与设计方法 | 常见标志	对标志的解读 | |---|---| | | 设计内涵： | | | 数学知识： | 2.归纳图形运动的基本性质 3.交流标志的评价维度与评价依据 比如：是否符合活动特点、是否具有识别性、是否利用了图形的运动、是否作图准确	1.了解学生收集的标志，查阅相关背景资料 2.引导学生通过观察，归纳出图形的三种运动及性质 3.简单搭建标志评价框架，形成表格，引导学生把设计标志考虑的问题转化为对作品的评价标准设计
任务 2-1	探究活动 1.感知标志中的平移，抽象出标志中的几何图形，探究平移的基本性质与作图方法 例： （1）两个标志的基本几何图形是什么？ （2）同样是圆形，两个标志的生成如何描述更准确？ （3）给定一个圆后，如何根据上述描述，借助刻度尺、圆规画出对应标志？ 2.选定一个元素，尝试与小组成员一起利用平移画出一个简单的标志	1.结合上一个任务中学生收集的标志，形成一个标志资料包，作为素材提供给学生查阅、学习 2.对学生的回答进行评价与引导，并指导学生规范的作图方法

活动实践	学生活动	教师组织
任务 2-2	探究活动 1. 感知标志中的旋转，抽象出标志中的几何图形，探究旋转的基本性质与作图方法 例： （1）三个标志的基本几何图形是什么？ （2）标志的生成如何描述更准确？ （2）如何根据上述描述，借助刻度尺、圆规画出对应标志？ 2. 选定一个元素，尝试与小组成员一起利用图形的旋转画出一个简单的标志	
任务 2-3	探究活动 1. 感知标志中的翻折，抽象出标志中的几何图形，探究翻折的基本性质与作图方法 例： （1）两个标志的基本几何图形是什么？ （2）如何借助刻度尺、圆规画出对应标志？ 2. 选定一个元素，尝试与小组成员一起利用图形的翻折画出一个简单的标志	
任务 3-1	探究活动 借助任务 2 中小组设计完成的中心对称标志和旋转对称标志，探究旋转对称图形与中心对称图形之间的联系和区别	
任务 3-2	探究活动 借助任务 2 中小组设计完成的轴对称标志，探究轴对称与轴对称图形的区别和联系	

（续表）

活动实践	学生活动	教师组织
任务 4	出项活动 1. 回顾单元知识 2. 设计作品	1. 关注学生的知识掌握情况，随时回答学生提问 2. 把控学生设计作品的时间，帮助协调小组工作
任务 5	出项活动 1. 参与标志设计分享会 2. 反思项目，完成评价	1. 提前完成小组抽签工作。 2. 根据任务 1 的学生阶段成果完成项目评价表 3. 设计项目评价表 4. 指导学生完成评价表，最后对整个项目进行总结

六、 项目评价方案

任务 1 活动评价表

评价维度	评价内容	评价标准	评价方式/工具
资料收集	生活中的标志相关资料收集的真实性、多样性与完备性	☆☆☆☆☆	自评 互评
知识理解	知道图形经过平移、旋转、翻折运动后形状大小不变的共性	☆☆☆☆☆	自评
合作交流	与组员分享交流标志的评价维度与依据	☆☆☆☆☆	互评 教师评价

任务 1 学生自评表

评价维度	具体内容	打"√"	改进措施
我对标志设计的了解（多选）	了解标志设计中的内涵		
	了解标志设计中的设计技巧		
	了解标志设计中不同颜色的寓意		
	三个都不了解		

评价维度	具体内容	打"√"	改进措施
我对标志设计的了解（多选）	知道三种不同的图形运动		
	知道三种图形运动的共性		
组队积极性（单选）	积极参与分组活动		
	能主动组队，但不够积极		
	等待其他人邀请		
	等别人组完之后，剩下人员自行组成一队		

任务 2、3、4 活动评价表

评价维度	评价内容	评价标准	评价方式/工具
图形的运动相关知识	1. 理解图形的平移、旋转、翻折的概念及性质，会画出运动后的对应图形 2. 理解旋转对称图形、中心对称图形、轴对称图形的概念、性质，会画出运动后的对应图形	☆☆☆☆☆	课堂练习 作业反馈
应用能力	能够利用图形的运动进行标志设计	☆☆☆☆☆	自评 教师评价
合作交流	1. 与组员交流设计想法 2. 与组员沟通作图方法	☆☆☆☆☆	自评 互评

任务 2、3、4 学生自评表

评价维度	具体内容	打"√"	改进措施
我对标志设计的了解（多选）	能够利用图形的平移设计简单的标志		
	能够利用图形的旋转设计简单的标志		
	能够利用图形的翻折设计简单的标志		
我对标志设计中的对称性理解程度如何（多选）	能够判断标志具有旋转对称性		
	能够判断旋转对称标志的最小旋转角		
	能够判断标志具有中心对称性		
	能够判断标志具有轴对称性		

（续表）

评价维度	具体内容	打"√"	改进措施
交流积极性（单选）	组织小组其他成员一起沟通设计想法、作图方法		
	积极主动与小组其他成员交流设计想法、作图方法		
	被动等待小组其他成员询问，再发表想法		
	不参与小组之间的互动交流		

任务1、2、3、4学生互评表

评价对象：_____

评价维度	具体内容	得分（1～5）
生活中的标志收集与设计	对标志设计内涵的了解程度	
	对标志设计方法、技巧的了解程度	
	对标志设计色彩选择的了解程度	
小组合作	积极参与分组活动	
	积极收集相关资料	
	积极与成员分享自己的想法	
	积极参与成果设计	
	愿意倾听其他成员的建议	

"为学校活动设计标志"项目的成果评价表

评价对象：_____

评价维度	评价标准			自评	互评	教师评价
	初级C	良好B	优秀A			
1. 图形的运动相关知识的运用	设计的标志中没有运用任何一种图形的运动	设计的标志中运用了一种图形的运动	设计的标志中运用了不止一种图形的运动			

评价维度	评价标准			自评	互评	教师评价
	初级 C	良好 B	优秀 A			
1. 图形的运动相关知识的运用	只能简单说出运用了哪一种图形运动，没有规范表述运动要素	能对所使用的运动进行简单但不是很规范的表述	能按照图形运动的不同要素规范表述所使用的图形运动			
	手绘文稿中的图形运动作图没有按照作图要求	手绘文稿中设计的图形运动作图不够精准，图片模糊	手绘文稿中涉及的图形运动作图准确、清晰			
2. 标志的合理性	标志所含寓意没有紧扣主题	标志所含寓意紧扣主题，但比较隐晦	标志所含寓意紧扣主题，并且易懂			
	标志设计所含寓意单一且浅显	标志设计所含寓意有层次，但略显浅显	标志设计所含寓意丰富，并且立意深刻			
3. 标志的美观性	标志设计太过复杂，画面凌乱	标志设计简洁明了，但相对普通	标志设计简洁明了，又有特色			
	标志设计中不包含颜色设计	标志设计中有不同颜色，但代表的意义不显著	标志设计中运用不同的颜色表示不同的意义			
	标志设计中不含有中心对称图形与旋转对称图形	标志设计中含有中心对称图形与旋转对称图形，但与标志设计内涵没有关联	标志设计中含有中心对称图形与旋转对称图形，并且赋予标志一定的设计意义			
4. 汇报人的语言表达情况	汇报人的语言表达断断续续，不流畅	汇报人的语言表达相对流畅，但略显啰唆	汇报人的语言表达简洁、清楚、流畅			
	汇报人思路不清晰，设计方案描述不够完整	汇报人思路相对清晰，可以简单地描述设计方案	汇报人思路十分清晰，能完整地描述设计方案			

七、 项目实施建议

（一）课本单元内容

本项目所对应的单元是上海教育出版社出版（即沪教版）的《数学》七年级第一学期第十一章《图形的运动》，一般建议课时安排为 6 课时，即"11.1 平移"1 课时，"11.2 旋转"1 课时，"11.3 旋转对称图形与中心对称图形"1 课时，"11.4 中心对称"1 课时，"11.5 翻折与轴对称图形"1 课时，"11.6 轴对称"1 课时。

（二）基于项目化学习的单元内容

教学单元	沪教版《数学》七年级 第一学期第十一章《图形的运动》
总课时数	8
具体课时规划	项目任务/教学内容
1	任务 1
2	任务 2-1
3	任务 2-2
4	任务 2-3
5	任务 3-1
6	任务 3-2
7—8	任务 4

说明与建议：

（1）根据对核心任务的分解，任务 2 需要学习标志设计中的常用"技巧"。而单元中的平移、旋转、翻折三种图形的运动都是设计技巧中的一种，所以把教材中 11.6 的翻折内容进行前置。同样地，任务 3 需要学生感受标志设计中的对称美，主要包括旋转对称图形、中心对称图形与轴对称图形，中心对称与中心对称图形之间关联紧密，所以在项目中把"11.3 旋转对称图形与中心对称图形"这节内容下移，与"11.4 中心对称"内容进行统整，放在任务 3

的第一个子任务中一起实施。

（2）在任务 4 中，需要先通过一定的习题来帮助学生巩固、回顾单元知识，建议这部分习题也可以借助生活中已有的标志来设计，强化学生对基础知识的掌握，同时加深学生对于本单元知识与标志设计的联系，增强"数学服务于生活"的理念。

（3）如果学情分析后有信息技术基础，可以将任务 4 中的小组设计放在课后，在这一课时中加入对于数学绘图软件的介绍与操作（如"几何画板"或 *Geogebra*），积极采用更多不同的方式来完成设计，感受数学的不同魅力。

八、 项目参考资料

参考资源	参考内容
① 吴为善，陈海燕. 企业识别：CI 的策划和设计（第三版）[M]. 上海：上海人民美术出版社. 2009.	版块三：概念→图形：视觉形象的开发与设计，第 74—81 页
② 上海市中小学（幼儿园）课程改革委员会. 艺术（美术）八年级第二学期 [M]. 上海：上海教育出版社，2003.	第二单元　创造校园环境，2.4 CIS 形象塑造，第 20—23 页

密码加密设计与解译

上海市向明初级中学　陈睿源

一、项目简介

生活中信息传递过程往往需要文字加密手段，从而防止信息在传递过程中被第三方截取，如古典密码学中的凯撒密码等。[①]本项目以"密码加密设计与解译"为主线，开展《整式》章节中《因式分解》单元的学习，使学生知道多项式乘法和因式分解在文字加密与解译过程中的运用，掌握几种因式分解方法，会设计一种加密与解译规则并保证解译结果的唯一性。经历"了解密码加密过程→学习解译密码方法→设计解译规则与发布密文"过程，完成一种文字加密与解译规则的制定。以本项目为载体，利用因式分解相关知识，结合偏移量等概念，制定密码加密与解译方案，确保密码安全性，增强学生的抽象能力、运算能力，发展数学应用意识与创新意识。在指导学生利用因式分解进行加密与解译规则制定的过程中，可以鼓励学生利用 Excel、C 语言、Python 等应用软件或程序实现，增强学生的信息技术素养。

---

① 郑骏. 高一信息技术必修 1 数据与计算［M］. 上海：上海科技教育出版社，2020：124.

二、项目成果

最终成果：密码加密与解译规则制定书

成果说明：

　　制定书中需要包含两部分：其一为规则解释部分，能够阐述解译操作过程，并对多项式中出现分数系数、首项为负、多元等情况作分类说明，从而保证解译的唯一性；其二为密文举例，能够运用多种不同的因式分解方式编制一段加密文字给其他小组破译。

　　最终的规则制定书以文字设计报告呈现，其中密文举例也可以由 Excel、C 语言、Python 等应用软件或程序实现解译过程。

三、项目目标

　　1. 通过了解密码加密与解译过程，知道密码生成原理是生成一组偏移量，理解多项式乘法和因式分解分别在加密与解译中的运用，增强抽象能力。

　　2. 在学习解译密码方法的过程中，掌握提取公因式法、公式法、十字相乘法、分组分解法等因式分解方法，加强运算能力。

　　3. 经历解译规则制定和发布密文两个阶段，综合运用各种因式分解方法编译与解译密码，在小组合作中加强协调。

四、项目规划

阶段任务	核心知识与素养	阶段成果
任务 1：认识密码加密与解译的过程	了解因式分解的意义 科学精神、抽象能力	密码学评价量表
任务 2：学习解译密码的方法	掌握用提取公因式法、公式法、十字相乘法、分组分解法进行因式分解 运算能力	密码设计评价量表 初步解译规则制定书
任务 3：设计解译规则与发布密文	创新意识、合作协调、语言表达、质疑反思	解译规则制定书 项目活动评价表

五、 项目核心活动

活动实践	学生活动	教师组织
任务1	入项活动 1.分享课前了解的古典密码加密方式 　　例：请同学们课前以搜索关键词"凯撒密码""维吉尼亚密码"的方式了解古典密码发展过程，从而明白"明文""密文""密钥""偏移量"等密码学术语 2.了解利用多项式乘法进行文字加密的过程 　　例：利用所学的多项式乘法计算 $(2x-3)(2x+3)$ $=4x^2-9$ 得到密钥 　（见下表） 系数码为因式的各项系数，密钥为因式乘积 3.讨论密文的解译方式 　　例：密文 KXRE 　　密钥：$4x^2+6x$ 　　现在 $4x^2+6x=x(4x+6)=2x(2x+3)$ 有这几种可能，你觉得选取哪一种作为因式分解能够保证解码的唯一性？如何制定这样的规则呢？ 　　解码过程：将密钥因式分解后括号内各项系数作为偏移量 　　$4x^2+6x=x(4x+6)=2x(2x+3)$ 　　系数代码 2，3 　　密文　　　K X R E 　　解码偏移量　2　3　2　3 　　查询字母表得到 MATH 　　谜底为"数学"	1.布置了解古典密码学相关知识的课前任务，设计相应的评价量表 2.在交流解译过程中，把学生设计加密与解译规则所考虑的问题转化为对作品的评价标准设计

明文	M	A	T	H
加密偏移量	-2	3	-2	-3
密文	K	D	R	E
解码偏移量	2	-3	2	3
系数码	2	-3	2	3
因式表示	$2x-3$	$2x+3$		

（续表）

活动实践	学生活动	教师组织
任务 2-1	探究活动 1. 利用提取公因式法揭开密文 2. 探索利用因式分解制定解译规则 　　例： 　　密文：LVSDMHMZNRIVGTMZB 　　密钥：$x(a-b)^2-y(b-a)^3$ 　　解密过程1： 　　$=x(b-a)^2-y(b-a)^3$ 　　$=(b-a)^2[x-y(b-a)]$ 　　$=(b-a)^2(x-yb+ya)$ 　　偏移量为1，-1，1，-1，1 　　解密过程2： 　　$=x(a-b)^2+y(a-b)^3$ 　　$=(a-b)^2[x+y(a-b)]$ 　　$=(a-b)^2(x+ya-yb)$ 　　偏移量为：1，-1，1，1，-1 这两种结果都可以作为因式分解结果，但是系数码不一样，如何制定一个规则，使得这两种因式分解结果能形成相同的解译偏移量呢？ 补充一条加密规则：把各个因式的各项系数从小到大排列得到解译偏移量。 于是得到解译偏移量-1，-1，1，1，1 输入解译程序，得到明文为 KUTENGLAOSHUHUNYA 即为枯藤老树昏鸦（出自《天净沙·秋思》）	1. 通过设计一系列存在不同因式分解结果表示的多项式问题，引导探讨如何制定规则保证解译的唯一性，同时将因式分解技巧与解译步骤相融合 2. 收集学生易错的问题和结果，引导学生思考自身设计的规则是否能分辨错误的因式分解结果，即错误的因式分解结果无法得出正确的解译
任务 2-2	探究活动 1. 利用公式法（平方差、完全平方）揭开密文 2. 探索分数系数情况下补充规则的制定 　　例：密钥 $x^2+x+\dfrac{1}{4}$ $x^2+x+\dfrac{1}{4}=\left(x+\dfrac{1}{2}\right)^2$ $x^2+x+\dfrac{1}{4}=\dfrac{1}{4}(4x^2+4x+1)=\dfrac{1}{4}(2x+1)^2$ 这个多项式有两种因式分解结果，但是系数码偏移量需要是整数，我们该如何制定补充规则？ 遇到分数系数，我们先提取他们的最小公分母，使得系数化为整数，这样系数码就是整数了	

（续表）

活动实践	学生活动	教师组织
任务 2-3	探究活动 1. 利用十字相乘法揭开密文 2. 探索首项为负数情况下补充规则的制定 例： $$-\frac{1}{6}x^2 - \frac{1}{6}ax + a^2$$ $$= \frac{1}{6}(-x^2 - ax + 6a^2)$$ $$= \frac{1}{6}(-x - 3a)(x - 2a)$$ $$-\frac{1}{6}x^2 - \frac{1}{6}ax + a^2$$ $$= -\frac{1}{6}(x^2 + ax - 6a^2)$$ $$= -\frac{1}{6}(x + 3a)(x - 2a)$$ 这个多项式有两种因式分解结果，但是观察两组分解结果的系数规律，我们该如何制定补充规则保证系数码的唯一性？ 补充规则：因式分解后，各多项式因式首项系数为正，遇到首项系数为负时，应提取负号，把首项转化为正数	
任务 2-4	探究活动 1. 利用分组分解法揭开密文 2. 探索多字母情况下排列顺序补充规则的制定 例：把 $ab + 2cd - ac - 2bd$ 式子因式分解， 我们发现不同的分组会有不同形式的结果， $(a - 2d)(b - c) = (2d - a)(c - b)$ 都是正确的因式分解，但是系数码不相同，你有没有办法在两个方案中选择其中一个，并制定一个规则保证唯一性？ 我们可以按照字母顺序排列，那么不妨从第一步就这样做，于是 $ab + 2cd - ac - 2bd = ab - ac - 2bd + 2cd = (ab - ac) - (2bd - 2cd) = a(b - c) - 2d(b - c) = (a - 2d)(b - c)$ 那么含 a 作为一组，不含 a 作为一组，从而运用分组分解法解决问题	

（续表）

活动实践	学生活动	教师组织
任务3	出项活动 1. 展示设计的解译规则和密文 2. 其他小组解译密文，完成评价	1. 关注学生的知识掌握情况、小组合作情况、学生设计规则和密文的完成情况，根据学生设计的规则引导学生寻找反例质疑 2. 设计项目成果评价表，指导学生完成评价表，最后对整个项目进行总结

活动说明：

本项目基于"设计和破解密室逃脱密码"进行设计，在原有基础上进行了如下几个方面的迭代：

1. 项目背景真实性

原项目背景为设计一组容易记忆的数字密码。本项目从现实情境出发，从密码学角度进行项目设计，引入一系列现实中真实存在的密码学术语，以关键词的方式让学生上网搜索，丰富学生信息学科知识，激发学生探究兴趣。两个项目核心内容是相同的，即利用因式分解生成一组数组。把原先设计的数字密码转化为本项目中的加密偏移量，于是数字解译迭代为复杂字符解译，进一步激发学生解译兴趣。

2. 解译规则完备性

本项目在原有利用因式分解生成数字串的故事线上增加了一条如何确保解译唯一性的故事暗线，此暗线为真实情境下的加密要求，唯一性的探究随着课程深入逐步展开，学生需要不停地对原有规则寻找反例，逐步补充修改规则，培养学生分析与评价的高阶思维能力，发展批判性思维，增强思维严密性。整个任务2随着每一节课开展，补充一个规则，新规则解译过程与新课解题过程相融合，体现"做中学"的项目教学理念。在逐步探索过程中学生最终完成的作品能够超越教师在课堂中运用的基础方案，从而发展学生的创新意识。

3. 项目开展一贯性

本项目在原项目中每一节课逐步探索扩充数字密码生成方法的基础上，进一步提高课堂的项目氛围。课堂中每一道题均以密文＋密钥形式出现，在完成传统教学中学生上台展示的基础上，学生可以利用教师制作的解码课件亲自输入计算出的偏移量，从而得出谜底。将传统的因式分解解题练习进阶迭代为利用因式分解将一串复杂的密码转化为规则的文字，学生课堂参与度进一步提高，同时也加强了学生解决问题的成就感。

六、 项目评价方案

任务 1 活动评价表

评价维度	评价内容	评价标准	评价方式/工具
资料收集	古典密码学相关资料收集的真实性、多样性与完备性	☆☆☆☆☆	自评 互评
模型建立	1. 能够理解多项式乘法与生成一组密钥的加密过程 2. 能理解因式分解结果、偏移量与解译结果之间的关系	☆☆☆☆☆	自评
合作交流	与小组其他成员分享交流收集的古典密码学相关资料的积极性与主动性	☆☆☆☆☆	互评 教师评价

任务 1 学生自评表

评价维度	具体内容	打"√"	改进措施
我对古典密码学的知识了解多少（多选）	了解凯撒密码		
	了解多表密码		
	知道偏移量		
	知道密钥		
	知道密文与明文的区别		

（续表）

评价维度	具体内容	打"√"	改进措施
我对利用因式分解的加密与解译了解程度如何（多选）	能理解利用多项式乘法生成密钥		
	能用因式分解结果得出解译偏移量		
	理解因式分解结果唯一性与解译结果唯一性的关系		
组队积极性（单选）	积极参与分组活动		
	主动组队，但不够积极		
	等待其他人邀请		
	等别人组完之后，剩下人员自行组成一队		

任务 1 学生互评表

评价对象：_____

评价维度	具体内容	得分（1～5）
密码学相关知识的收集	对古典密码学情况的了解程度	
	对加密规则的了解程度	
	对解译规则的了解程度	
小组合作	积极参与分组活动	
	积极收集相关资料	
	积极与小组其他成员分享自己的想法	

任务 2 活动评价表

评价维度	评价内容	评价标准	评价方式/工具
因式分解相关知识	会用给定密钥因式分解	☆☆☆☆☆	课堂练习作业反馈
抽象能力	理解多项式因式分解后结果能生成一组偏移量	☆☆☆☆☆	自评
应用能力	能够面对特殊情况制定补充规则	☆☆☆☆☆	教师评价自评

（续表）

评价维度	评价内容	评价标准	评价方式/工具
合作交流	1. 与组员交流加密与解译规则设计的积极性与主动性 2. 通过与组员相互解译密码来不断修改新规则的积极性与主动性	☆☆☆☆☆	互评 教师评价

任务 2 学生自评表

评价维度	具体内容	打"√"	改进措施
我对因式分解在解译过程中的运用有哪些问题（多选）	没有问题，能准确地按照解译规则将密钥转化成偏移量		
	理解偏移量在解译过程中的作用		
	理解利用因式分解后的结果生成一组偏移量的简单方法		
	能够使用提取公因式法分解密钥		
	能够使用平方差法分解密钥		
	能够使用完全平方法分解密钥		
	能够使用十字相乘法分解密钥		
	能够使用分组分解法分解密钥		
	能够综合运用各种方法因式分解密钥		
补充规则设计（多选）	能够针对分数系数情况设计规则		
	能够针对系数符号问题设计规则		
	能够对多种字母情况设计规则		
	能够总结因式分解中的错题，针对小组规则的准确性提出反例		
	没有参与补充规则设计，但参与小组设计的密钥解译过程		
	能够充分理解小组设计的补充规则		
	能流畅地阐述小组设计的补充规则		
	没有参与补充规则设计		

任务 3 活动评价表

评价维度	评价内容	评价标准	评价方式/工具
因式分解相关知识	因式分解密钥准确性	☆☆☆☆☆	课堂练习作业反馈
合作交流	1. 与小组其他成员交流密码加密与解译设计的积极性与主动性 2. 通过与小组其他成员解译设计的密钥来不断修改新规则的积极性与主动性	☆☆☆☆☆	自评互评教师评价
作品阐述	1. 阐述加密与解译规则的清晰度 2. 阐述规则的准确性、创新性 3. 阐述规则的语言表达的流畅度	☆☆☆☆☆	自评互评教师评价

任务 3 学生自评表

评价维度	具体内容	打"√"	改进措施
我对利用因式分解知识破译其他小组密文有哪些问题（多选）	没有问题，全部破译正确		
	能够将密钥因式分解正确，但转化成偏移量时出现错误		
	不理解分数系数或首项为负或多元情况下的因式分解解译过程或规则		
	密钥分解了一部分，但没有完全分解		
	因为没有运用提取公因式法导致没有完全分解		
	因为没有运用十字相乘法导致没有完全分解		
	因为没有运用公式法（平方差）导致没有完全分解		
	因为没有运用公式法（完全平方）导致没有完全分解		
	因为没有运用分组分解法导致没有完全分解		

（续表）

评价维度	具体内容	打"√"	改进措施
解译规则制定（多选）	积极参与解译规则设计，提出了想法		
	积极参与解译规则设计，针对他人设想曾举出过反例		
	提出了想法，但想法不够合理		
	参与密文设计		
	参与密钥设计		
	参与针对特殊情况的补充规则设计		
	能够理解小组制定的完整规则		
	没有参与小组任务		

任务 2、3 学生互评表

评价对象：_____

评价维度	具体内容	得分（1～5）
合作交流	积极完成自己的任务	
	积极参与密码加密规则设计讨论	
	积极主动与小组其他成员分享自己的想法	
	愿意参与密文解译过程	
	提出解译规则中的反例以及相应的修改意见	
	愿意倾听小组其他成员的建议	
	愿意帮助小组其他成员共同完成小组任务	
作品阐述	理解小组设计的加密解译规则	
	能够流畅地表述小组设计的新规则	
	能够阐述清楚小组设计的加密解译规则	

"密码加密设计与解译"项目的成果评价表

评价对象：＿＿＿＿＿＿

评价维度	评价标准			自评	互评	教师评价
	初级 C	良好 B	优秀 A			
1. 加密安全性	设计的密钥中只包含一种因式分解过程	设计的密钥中包含两种因式分解过程	设计的密钥中包含两种以上因式分解过程			
2. 规则的创新性	设计的规则没有针对特殊情况补充规则	设计的规则有一条针对特殊情况的补充规则	设计的规则有针对各种复杂特殊情况的补充规则			
	设计的规则不够新颖，与教师方案相差不大	设计的规则有一定的新颖性，在教师方案的基础上有相对较多的改进	设计的规则十分新颖，并能够结合信息技术用程序实现			
	设计的谜底较为普通	设计的谜底较为独特	设计的谜底独特且富有寓意			
3. 解译规则准确性	存在较多错误因式分解结果能破译密码	存在少量错误因式分解结果能破译密码	不存在错误因式分解结果能破译密码			
	描述规则的语言不通顺，不易理解	描述规则的语言相对通顺	描述规则的语言十分通顺，易于理解			
4. 汇报人的语言表达情况	汇报人的语言表达断断续续，不流畅	汇报人的语言表达相对流畅，但有些啰唆	汇报人的语言表达简洁、清楚、流畅			
	汇报人思路不清晰，设计方案描述不够完整	汇报人思路相对清晰，可以简单地描述设计方案	汇报人思路十分清晰，十分完整地描述设计方案			

七、项目实施建议

（一）课本单元内容

本项目所对应的单元是沪教版《数学》七年级第一学期第九章《整式》第 5 节《因式分解》，一般建议课时安排为 6 课时，即"9.13 提取公因式"共

2 课时，"9.14 公式法"共 2 课时，"9.15 十字相乘法"共 1 课时，"9.15 分组
分解法"共 1 课时。

（二）基于项目化学习的单元内容

教学单元	沪教版《数学》七年级第一学期 第九章《整式》第 5 节《因式分解》
总课时数	10
具体课时规划	项目任务/教学内容
1	任务 1
2	任务 2-1
3	习题课：提取公因式（2） 　　本课时以进一步掌握提取公因式法进行因式分解为主要教学内容，通过观察多项式、归纳找公因式的方法，理解公因式不仅可以表示单项式，也可以表示多项式，熟练找出公因式，巩固多种形式的公因式的提取方法
4	任务 2-2
5	任务 2-2
6	任务 2-3
7	习题课：十字相乘（2） 　　本课时以进一步掌握十字相乘进行因式分解为主要教学内容，特别补充学习首项不为 1 的二次三项式的十字相乘，通过拆分常数项，验证一次项的方法，巩固各类二次三项式的十字相乘法
8	任务 2-4
9	任务 3
10	因式分解单元习题课 　　本课时以因式分解习题巩固为主要教学内容，通过复习四种因式分解的解法，能够综合运用四种因式分解的方法分解简单的各种不同特点的多项式，并会利用整式乘法反向进行验证

说明与建议：

1. 本单元在融入项目化学习后，由于需要完成项目的任务，缺乏因式分解相关知识点的强化和巩固，需要通过新授课或习题课来训练，强化学生对于基础知识的掌握。在项目中间增加 3 节习题课，分别为巩固公因式为多种形式的提取公因式法、巩固首项不为 1 的十字相乘法，以及夯实四种方法的

综合运用，培养学生的运算能力。

2. 在课堂练习以及分析错题的过程中，有意识地引导学生思考：小组设计的规则是否能分辨错误结果。让学生在课堂上以密文加密钥的形式解译例题习题，激发学生的兴趣，由于解码过程费时，需要教师制作解码程序，Excel 中运用 ASCII 代码即可实现，可以咨询信息技术教师，也可以让有能力的学生制作。

3. 各校各班学情不同，把掌握制作程序的学生分散在各组中，若学生表示无法通过制作程序实现，最终成果应重规则制定书的书写轻作品程序的实现。

教室装潢设计

上海市向明初级中学　陈睿源

一、 项目简介

我们在生活中往往需要装修房屋，需要进行装潢设计以及对施工质量进行检验。本项目以"教室装潢设计"为主线，开展《长方体再认识》单元的学习，了解直线与直线位置关系、直线与平面位置关系、平面与平面位置关系，知道直线与平面、平面与平面的位置关系检验方法，掌握"斜二侧"画法，会根据需求绘制立体图形的直观画法。在"认识装潢设计师→绘制教室装潢设计图→学习检验课桌椅是否损坏的方法→展示新教室装潢设计企划书"的项目过程中，完成为新教室布置装潢的企划。以本项目为载体，增强学生的空间观念，发展数学应用意识。在指导学生设计教室装潢图的过程中，可以进一步融合 3D 作图软件的使用，增强学生的信息技术素养。

二、 项目成果

最终成果：新教室装潢设计企划书

成果说明：

六年级学生即将升入初一进入新教室，需要对新教室的布置进行设计，请学生利用长方体直观画法的相关知识，完成一份教室装潢设计稿。同时由于初进入新教室，从安全性考虑，需要完成教室物件验收设计书。

新教室装潢设计企划书包括装潢设计稿和教室物件验收设计书两个版块。装潢设计稿中需要绘制一幅至少包括讲台、桌椅、日光灯等物件的教室设计图，并能够添置其他装饰物美化教室设计。教室物件验收设计书需要有检验教室中课桌椅是否损坏的方法及其原理说明。

三、 项目目标

1. 了解生活中装潢设计师的工作，发现教室装潢设计中的长方体元素，形成几何直观，发展应用意识。

2. 在学习绘制装潢设计图的过程中，掌握"斜二侧"画法，会画长方体的直观图。在学习检验课桌椅是否损坏的方法时，理解直线与平面、平面与平面的位置关系与检验方法的原理，提高空间观念。

3. 经历展示新教室装潢设计企划书活动，综合运用长方体相关知识绘制设计图与撰写验收设计报告，在小组合作协调中进行实践创新，培养语言表达能力。

四、 项目规划

阶段任务	核心知识与素养	阶段成果
任务1：认识装潢设计师	长方体中的元素 抽象能力	评价量表
任务2：绘制教室装潢设计图	"斜二侧"画法、直线与直线的位置关系 几何直观、空间观念	教室装潢设计图
任务3：学习检验课桌椅是否损坏的方法	直线与平面、平面与平面的位置关系与检验方法 模型观念、应用意识	教室物件验收设计书
任务4：展示新教室装潢设计企划书	合作协调、语言表达、质疑反思	教室装潢设计企划书 项目活动评价表

五、 项目核心活动

活动实践	学生活动	教师组织
任务 1	入项活动 1. 分享了解的装潢设计师工作内容 2. 归纳教室空间的几何元素 3. 交流教室装潢设计企划书的内容、评价维度与评价依据	1. 了解装潢设计师工作内容，查阅相关背景资料 2. 引导学生通过观察归纳出教室中的长方体元素 3. 引导学生把装潢设计考虑的问题转化为对作品的评价标准设计
任务 2-1	探究活动 1. 感知不同角度观察时长方体棱的直观长度变化 2. 抽象出"斜二侧"作图方法 3. 对教室中长方体物品进行作图与美化，丰富充实装潢设计稿的内容	1. 制作模拟教室 3D 课件，引导学生观察在不同角度下棱的直观长度变化 2. 引导并正确指导学生作图方法及规范 3. 引导学生观察教室中的电线、日光灯等的摆放，从中抽象出平行、垂直、异面关系
任务 2-2	探究活动 1. 感知教室中电线、日光灯等线形物体的摆放 2. 抽象出空间中直线与直线之间的位置关系，即长方体中棱与棱的位置关系	
任务 3-1	探究活动 1. 感知凳子脚与地面中直线与平面的位置关系 2. 了解检验直线与平面垂直的方法并实践	1. 制作相应的模拟物件，如课桌椅等及其损坏过程的 3D 课件，引导学生观察损坏过程中几何元素位置关系的变与不变 2. 引导学生动手操作检验自己的课桌椅等是否损坏

（续表）

活动实践	学生活动	教师组织
任务3-2	探究活动 1. 感知椅面侧沿与地面中直线与平面的位置关系 例：不少同学坐椅子只坐三分之一，日积月累导致椅面出现前后翘起。观察课件中椅子的损坏过程，可以通过检验椅面中哪一条线与地面平行，从而检验椅子是否前后翘起 2. 了解直线与平面平行的检验方法并实践	
任务3-3	探究活动 1. 感知椅面与地面中平面与平面的位置关系 例：之前我们通过检验椅子侧沿与地面平行的方式说明椅子是否前后翘起，椅面左右翘起应该如何检验？ 2. 了解平面与平面平行的检验方法并实践	
任务3-4	探究活动 1. 感知靠墙课桌桌面与墙面中平面与平面的位置关系 例：之前我们学习了利用长方形纸片检验平面与平面平行的方式检验椅子是否损坏，但由于我们找不到大小适合的长方形纸片检验课桌，在实际操作时有诸多不便。那你能否找出桌面与教室中哪些面垂直，利用平面与平面垂直的方式进行检验？ 2. 了解检验平面与平面垂直的方法并实践	
任务4	出项活动 1. 新教室装潢设计企划书展示 2. 反思项目，完成评价	1. 设计项目评价表 2. 指导学生完成评价表，最后对整个项目进行总结

六、 项目评价方案

任务 1 活动评价表

评价维度	评价内容	评价标准	评价方式/工具
资料收集	装潢设计相关资料收集的真实性、多样性与完备性	☆☆☆☆☆	自评 互评
模型建立	理解教室中几何元素概念	☆☆☆☆☆	自评
合作交流	与小组其他成员分享交流收集的装潢设计相关资料的积极性与主动性	☆☆☆☆☆	互评 教师评价

任务 1 学生自评表

评价维度	具体内容	打"√"	改进措施
我对装潢设计工作的了解（多选）	了解装潢设计图		
	了解施工质量检验		
	了解装潢设计师的工作内容		
我对教室中几何元素的了解程度如何（多选）	能抽象指出教室中长方体顶点、棱、面等各种几何元素并理解		
	知道长方体表面积公式		
	知道长方体体积公式		
	能在教室中寻找出长方体物体		
组队积极性（单选）	积极参与分组活动		
	主动组队，但不够积极		
	等待其他人邀请		
	等别人组完之后，剩下人员自行组成一队		

任务 1 学生互评表

评价对象：_____

评价维度	具体内容	得分（1~5）
装潢设计相关资料的收集	了解装潢设计图	
	了解施工质量检验	
	了解装潢设计师的工作内容	
小组合作	积极参与分组活动	
	积极收集相关资料	
	积极与小组其他成员分享自己的想法	

任务 2 活动评价表

评价维度	评价内容	评价标准	评价方式/工具
长方体相关知识	1."斜二侧"绘图准确性 2.能抽离出教室中的直线，理解直线与直线之间的位置关系，即长方体中棱与棱的三种位置关系	☆☆☆☆☆	课堂练习 作业反馈
应用能力	教室装潢设计图的完整性、美观性、合理性	☆☆☆☆☆	教师评价 自评
合作交流	与小组其他成员交流教室装潢设计方案的积极性与主动性	☆☆☆☆☆	互评 教师评价

任务 2 学生自评表

评价维度	具体内容	打"✓"	改进措施
我的教室装潢设计图有哪些问题（多选）	没有问题		
	能够用"斜二侧"画法绘制设计图		
	能在设计图中绘制讲台		
	能在设计图中绘制课桌椅		
	能在设计图中绘制窗户门等装饰		
	能在设计图中绘制日光灯及其电线		
	能给设计图添加美观装饰		
	能合理地设计图中物件的尺寸和摆放位置		
	能指出教室中电线等直线之间的位置关系		

任务 2 学生互评表

评价对象：_____

评价维度	具体内容	得分（1~5）
合作交流	积极完成自己的任务	
	积极主动参与装潢设计讨论	
	积极主动与小组其他成员分享自己的想法	
	愿意参与绘图过程	
	愿意倾听小组其他成员的建议	
	愿意帮助小组其他成员共同完成小组任务	
作品阐述	理解小组设计的思路	
	能够充分理解小组设计图的优点	
	能够阐述清楚小组设计图的优点	

任务 3 活动评价表

评价维度	评价内容	评价标准	评价方式/工具
长方体相关知识	描述直线与平面、平面与平面的位置关系的准确性	☆☆☆☆☆	课堂练习 作业反馈
应用能力	检验教室物件方法设计的合理性、准确性	☆☆☆☆☆	教师评价 自评
合作交流	与小组其他成员交流检验教室物件方法设计的积极性与主动性	☆☆☆☆☆	互评 教师评价
阐述作品	1. 阐述检验方式的清晰度 2. 阐述规则描述的流畅度	☆☆☆☆☆	互评 教师评价

任务 3 学生自评表

评价维度	具体内容	打"√"	改进措施
我对教室物件检验设计有哪些问题（多选）	没有问题，全部物件都能动手检验		
	能够利用直线与平面垂直方式的检验方法说明凳脚与地面垂直		
	能够利用直线与平面平行方式的检验方法说明椅面的侧沿与地面平行		

（续表）

评价维度	具体内容	打"√"	改进措施
我对教室物件检验设计有哪些问题（多选）	理解平面与平面平行检验中长方形纸片法和直线与平面平行检验中长方形纸片法之间的相同点和不同点		
	能够利用平面与平面垂直检验的方法说明靠墙桌面与地面垂直		
	能够设计检验教室中书柜是否损坏的方法		
	能够设计检验教室中讲台是否损坏的方法		
	能够撰写验收设计报告		

任务 3 学生互评表

评价对象：_____

评价维度	具体内容	得分（1～5）
合作交流	积极完成自己的任务	
	积极参与检验设计的讨论	
	积极主动与小组其他成员分享自己的想法	
	愿意动手操作检验	
	愿意撰写检验设计报告	
	愿意倾听小组其他成员的建议	
	愿意帮助小组其他成员共同完成小组任务	
作品阐述	理解小组的验收设计书的原理	
	能够流畅地表述小组的验收设计方法和原理	

《教室装潢设计》项目的成果评价表

评价对象：＿＿＿＿＿＿

评价维度	评价标准			自评	互评	教师评价
	初级 C	良好 B	优秀 A			
1. 设计图完整性	教室装潢设计图中包含少量物件	教室装潢设计图中包含较多物件	教室装潢设计图中包含丰富完整的物件			
2. 设计图美观性	教室装潢设计图中物体比例失真	教室装潢设计图中物体比例真实	教室装潢设计图中物体比例真实、尺寸准确			
	教室装潢设计图中物体摆放不合理	教室装潢设计图中物体摆放合理	教室装潢设计图中物体摆放合理、描述准确			
3. 设计图创新性	教室装潢设计图中只有讲台、课桌椅	教室装潢设计图中有讲台、课桌椅与教学用具	教室装潢设计图中有讲台、课桌椅、教学用具和装饰品			
	设计图采用俯视图	设计图采用立体图形直观画法	设计图绘制方法多样，并能够结合信息技术用程序实现			
4. 验收方式合理性	没用检验方式、数学原理解释	检验方式、数学原理解释存在不准确部分	检验方式、数学原理解释清晰准确			
	不能动手实践检验操作	能够动手实践检验操作，但操作动作不够规范	能够动手实践检验操作，且操作动作准确规范			
5. 汇报人的语言表达情况	汇报人的语言表达断断续续，不流畅	汇报人的语言表达相对流畅，但有些啰唆	汇报人的语言表达简洁、清楚、流畅			
	汇报人思路不清晰，设计方案描述不够完整	汇报人思路相对清晰，可以简单地描述设计方案	汇报人思路十分清晰，能十分完整地描述设计方案			

七、 项目实施建议

（一）课本单元内容

本项目所对应的单元是沪教版《数学》六年级第二学期第八章《长方体的再认识》，一般建议课时安排为 8 课时，即"8.1 长方体的元素"1 课时，"8.2 长方体直观图的画法"1 课时，"8.3 长方体中棱与棱位置关系的认识"1 课时，"8.4 长方体中棱与平面位置关系的认识"2 课时，"8.5 长方体中平面与平面位置关系的认识"2 课时，"本章小结"1 课时。

（二）基于项目化学习的单元内容

教学单元	沪教版《数学》六年级第二学期第八章《长方体的再认识》
总课时数	9
具体课时规划	项目任务/教学内容
1	任务 1
2	任务 2-1
3	任务 2-2
4	任务 3-1
5	任务 3-2
6	任务 3-3
7	任务 3-4
8	任务 4
9	复习课 　　通过复习长方体的元素、"斜二侧"作图、长方体中棱和面之间的位置关系及各检验方法，理解各知识之间的联系与区别，对单元知识进行梳理消化

说明与建议：

1. 从生活中的具体实物抽象出立体几何元素，发展空间观念，需要制作相应的 3D 课件模拟桌椅，可利用 GeoGebra 的 3D 绘图功能制作，能旋转视角，起到不同角度观察物件的作用。

2. 本项目装潢设计图部分可适当让学生选择不同手段绘制，可用美术课中的透视画法，鼓励学生使用信息技术中 3D 绘图软件，积极采用跨学科综合方式解决问题。

3. 本项目实践后，评价时发现部分学生"斜二侧"作图误差较大、对各类检验方法有混淆等情况，故增设一节单元复习课，巩固本体知识。

4. 任务 3 中需设计一系列单元问题作为引入，打通知识点之间的关联性。根据检验做事的逻辑顺序，调整了课本中平面与平面平行和垂直两课时的位置关系顺序，通过 3-2 椅面左右翘起检验与 3-3 椅面左右与前后翘起两次检验，帮助学生理解长方形纸片检验法，形成单元知识建构。

巧玩五子棋

上海市卢湾中学　李　佼

一、 项目简介

　　五子棋起源于中国古代的传统黑白棋种之一，它简单易学、趣味无穷，是一种两人对弈的纯策略型棋类游戏，生活中经常会看到两人凑在一起进行对弈。本项目以"设计五子棋游戏新规则"为主线，开展《平面直角坐标系》单元的学习。知道平面直角坐标系的概念和构成，懂得直角坐标平面内点的坐标以及点与坐标之间的一一对应关系，了解直角坐标平面内点的平移、两个关于坐标轴对称的点的坐标的关系、两个关于原点对称的点的坐标的关系以及简单图形的对称关系，掌握直角坐标平面内平行于坐标轴的直线上两点间的距离公式。经历"设计新的棋谱记法→五子棋新规则的基础版→五子棋新规则的进阶版"的项目过程，完成五子棋新规则的设计手册。以"巧玩五子棋"项目为载体，提升学生的模型观念及抽象能力，培养数学应用意识及创新意识。

二、 项目成果

最终成果：五子棋新规则设计手册

成果说明：

对于五子棋这样的对弈游戏，需要合理清晰的游戏规则，优秀的规则不仅可以激发游戏者的兴趣，也可以提高游戏者的能力。在本项目中，学生作为游戏规则的设计者，利用平面直角坐标系的相关知识，完成一份五子棋新规则的设计手册。

设计手册中需要包含棋谱记法的设计、简单版以及进阶版的规则。两个版本的规则需要将具体的落子要求以及获胜条件描述清楚，不能有歧义，可以采用示例说明等形式，每个版本的规则中至少有一条运用到所学的数学知识。

三、 项目目标

1. 在了解五子棋棋谱的特点、棋手记录棋子的形式，以及认识平面直角坐标系后能构造平面直角坐标系，理解直角坐标平面内的所有点与全体有序实数对之间有一一对应的关系，会用坐标表示平面内的点，提升抽象能力和模型观念。

2. 在五子棋新规则的基础版的设计过程中，进一步认识平面直角坐标系，了解垂直于坐标轴的直线的表示方法以及会求平行于坐标轴的直线上两点的距离。

3. 在五子棋新规则的进阶版的设计过程中，了解平移、轴对称、中心对称的性质，掌握平移前后的对应两点、关于坐标轴对称的两点、关于原点对称的两点的坐标变化，提升抽象能力，发展应用意识和创新意识。

四、 项目规划

阶段任务	核心知识与素养	阶段成果
任务 1：设计新的棋谱记法	有序实数对、平面直角坐标系的认识 抽象能力、模型观念	建立新的五子棋棋谱记法

（续表）

阶段任务	核心知识与素养	阶段成果
任务 2：五子棋新规则的基础版	用坐标表示平面内的点，能根据坐标在平面内描点，理解坐标平面内的象限，会用代数形式表示垂直于坐标轴的直线，会求平行于坐标轴的直线上两点的距离 抽象能力、模型观念、应用意识	五子棋新规则的基础版设计方案
任务 3：五子棋新规则的进阶版	平移前后对应两点的坐标关系，关于坐标轴对称的两点、关于原点对称的两点的坐标关系 抽象能力、应用意识	五子棋新规则的进阶版设计方案
任务 4：设计五子棋的新规则	平面直角坐标系的综合应用 实践创新	五子棋新规则设计手册
任务 5：介绍小组设计的新规则并用新规则开展 PK 赛	语言表达、质疑反思	项目活动评价表

五、 项目核心活动

活动实践	学生活动	教师组织
任务 1	入项活动 1. 分享五子棋的相关知识及下棋规则 2. 观察五子棋棋谱，尝试发现五子棋棋谱与平面直角坐标系之间的关系 3. 利用平面直角坐标系设计新的五子棋棋谱记法 　例：新的五子棋棋谱如图 2 所示（图 1 为原棋谱，图 2 为将天元 H8 作为坐标原点的新棋谱）	1. 了解五子棋的相关知识，查阅背景资料 2. 引导学生通过观察，归纳出五子棋棋谱与平面直角坐标系之间的关系 3. 引导学生通过实例，理解平面直角坐标系的相关概念

活动 实践	学生活动	教师组织
任务 1	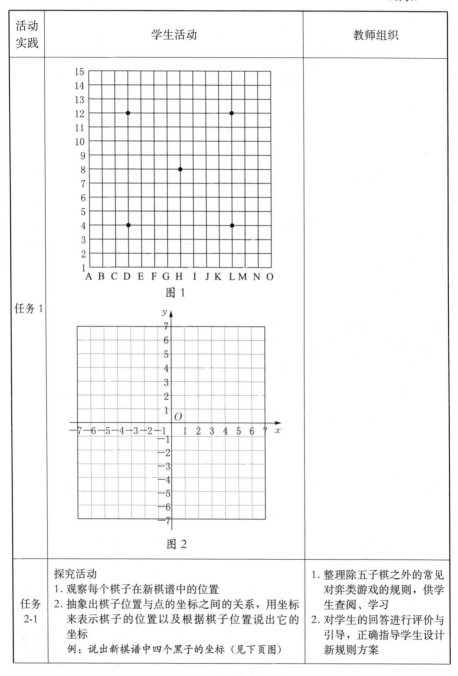 图 1 图 2	
任务 2-1	探究活动 1. 观察每个棋子在新棋谱中的位置 2. 抽象出棋子位置与点的坐标之间的关系，用坐标来表示棋子的位置以及根据棋子位置说出它的坐标 　例：说出新棋谱中四个黑子的坐标（见下页图）	1. 整理除五子棋之外的常见对弈类游戏的规则，供学生查阅、学习 2. 对学生的回答进行评价与引导，正确指导学生设计新规则方案

活动 实践	学生活动	教师组织
任务 2-1	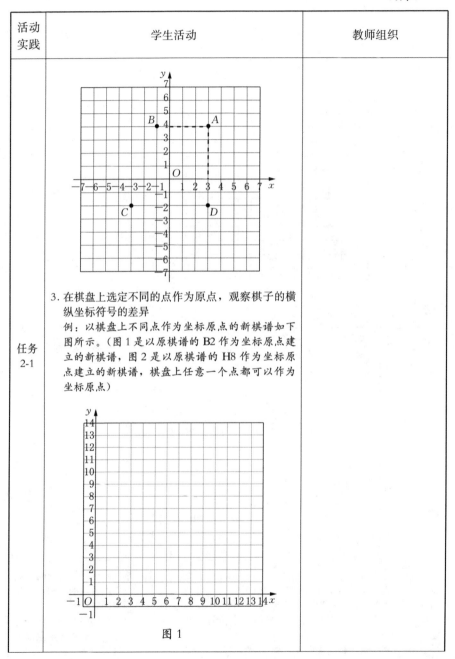 3. 在棋盘上选定不同的点作为原点，观察棋子的横 纵坐标符号的差异 　　例：以棋盘上不同点作为坐标原点的新棋谱如下 　　图所示。（图1是以原棋谱的 B2 作为坐标原点建 　　立的新棋谱，图2是以原棋谱的 H8 作为坐标原 　　点建立的新棋谱，棋盘上任意一个点都可以作为 　　坐标原点） 图 1	

（续表）

活动实践	学生活动	教师组织
任务2-1	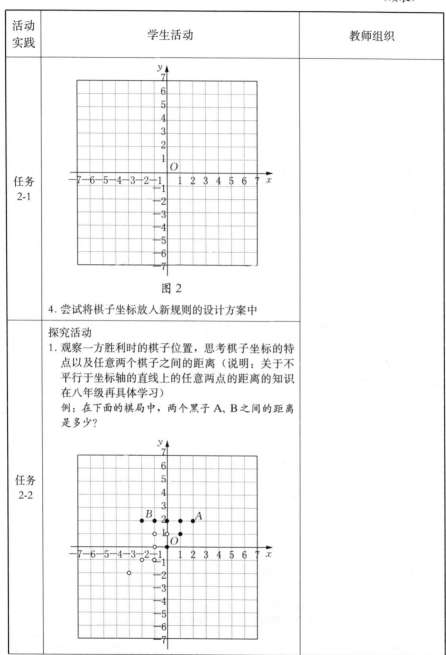 图2 4. 尝试将棋子坐标放入新规则的设计方案中	
任务2-2	探究活动 1. 观察一方胜利时的棋子位置，思考棋子坐标的特点以及任意两个棋子之间的距离（说明：关于不平行于坐标轴的直线上的任意两点的距离的知识在八年级再具体学习） 　例：在下面的棋局中，两个黑子A、B之间的距离是多少？	

活动实践	学生活动	教师组织
任务 2-2	2. 尝试将上述的棋子坐标特点放入新规则的设计方案中	
任务 3-1	探究活动 1. 通过五子棋在棋盘上的运动，感知棋子在棋盘上的平移运动 2. 通过平移棋子的位置，观察起点与终点横纵坐标的变化，探究棋子从当前位置平移到目标位置的坐标变化 例：在下面的棋局中，如果黑子 M 向右平移 4 个单位，到达新位置 N，那么黑子 N 的坐标是多少呢？ 3. 尝试将平移作为一种下棋规则，放入新规则的设计方案中	
任务 3-2	探究活动 1. 当以棋盘中心为坐标原点建立新棋谱记法时，通过将五子棋根据之前制定的下棋规则在棋盘上进行移动，感知棋子在棋盘上的轴对称、中心对称运动（对称轴可以是坐标轴，也可以指定；对称中心可以是原点，也可以指定） 2. 通过移动棋子的位置，观察起点与终点横纵坐标的变化，探究棋子进行轴对称、中心对称后的坐标变化	

活动实践	学生活动	教师组织
任务 3-2	例：在下面的棋局中，如果黑子 M 与黑子 N 关于 x 轴对称，那么黑子 N 的坐标是多少呢？ 3. 尝试将对称运动作为一种下棋规则，放入新规则的设计方案中	
任务 4	出项活动 设计新规则	1. 关注学生的知识掌握情况，随时回答学生提问 2. 把控学生设计新规则的时间，帮助协调小组工作
任务 5	出项活动 1. 参与新规则设计分享会 2. 参与 PK 赛 3. 反思项目，完成评价	1. 提前完成小组抽签工作 2. 设计项目评价表 3. 帮助协调 PK 赛工作 4. 指导学生完成评价表及对整个项目进行总结

活动说明：

可以在五子棋旧规则的基础上增加一些新的规则，比如其中一方在落子的同时需报出其坐标，如果坐标说错，此方输，对手赢；比如其中一方在落子时，位置是在对方前一枚棋子的位置上沿着横纵坐标平移一定距离或按照对称性新规则所确定的位置等。有学生在设计新规则时，将其编成程序，使得玩家可以线上对弈，线上对弈时就需要玩家报出棋子落子的位置坐标。

六、项目评价方案

任务1活动评价表

评价维度	评价内容	评价标准	评价方式/工具
资料收集	五子棋相关资料收集的真实性、多样性与完备性	☆☆☆☆☆	自评 互评
模型建立	1.理解五子棋棋谱与平面直角坐标系之间的关系 2.将五子棋棋谱用平面直角坐标系的形式进行表示	☆☆☆☆☆	自评
平面直角坐标系相关知识	理解平面直角坐标系的概念、有序实数对的概念	☆☆☆☆☆	课堂练习
合作交流	1.与小组其他成员分享交流收集的五子棋相关资料的积极性与主动性 2.合作设计简易版五子棋游戏规则及对弈中的表现	☆☆☆☆☆	互评 教师评价

任务1学生自评表

评价维度	具体内容	打"√"	改进措施
我在五子棋的知识方面有哪些问题（多选）	没有问题		
	对五子棋的发展了解欠缺		
	对五子棋的技巧不了解		
	对五子棋的规则不了解		
	都不了解		
我对平面直角坐标系的了解程度如何（单选）	相关概念完全了解		
	对有序实数对不太了解		
	对平面直角坐标系与生活实际的关系不太了解		
	对平面直角坐标系的概念不太了解		
	完全不了解		

（续表）

评价维度	具体内容	打"✓"	改进措施
组队积极性（单选）	积极参与分组活动		
	主动组队，但不够积极		
	等待其他人邀请		
	等别人组完之后，剩下人员自行组成一队		

任务1学生互评表

评价对象：＿＿＿＿＿

评价维度	具体内容	得分（1～5）
五子棋相关知识的收集	知晓五子棋	
	对五子棋发展情况的了解程度	
	对五子棋规则的了解程度	
	对五子棋技巧的了解程度	
小组合作	积极参与分组活动	
	积极收集相关资料	
	积极与小组其他成员分享自己的想法	
	积极参与任务设计	
	愿意倾听小组其他成员的建议	

任务2活动评价表

评价维度	评价内容	评价标准	评价方式/工具
平面直角坐标系相关知识	1. 会用坐标表示平面内的点，能根据坐标在平面内描点，理解坐标平面内的象限的概念 2. 会用代数形式表示垂直于坐标轴的直线，会求平行于坐标轴的直线上两点的距离	☆☆☆☆☆	课堂练习作业反馈

（续表）

评价维度	评价内容	评价标准	评价方式/工具
抽象思维	1. 理解五子棋棋子在棋谱中的位置可以用坐标来表示 2. 通过棋子连成一条直线时的位置特征理解相对应的坐标的特点	☆☆☆☆☆	自评
应用能力	能够将棋子坐标等数学知识运用到新规则设计中	☆☆☆☆☆	教师评价
任务分配	合理分配适合小组成员的任务	☆☆☆☆☆	互评
合作交流	1. 与小组其他成员交流五子棋新规则的基础版设计的积极性与主动性 2. 通过与小组其他成员对弈来不断修改新规则的积极性与主动性	☆☆☆☆☆	互评 教师评价
阐述作品	1. 阐述基础版设计方案的思路的清晰度 2. 阐述基础版设计方案的语言表达的流畅度	☆☆☆☆☆	互评 教师评价

任务 2 学生自评表

评价维度	具体内容	打"√"	改进措施
我对坐标表示以及两点的距离有哪些问题（多选）	没有问题		
	会表示棋子坐标但不熟练		
	对特殊位置的棋子坐标特征有些问题		
	不能做到边下棋边说出棋子坐标		
	理解但不能熟练地表示垂直于坐标轴的直线，对两点的距离没有问题		
	理解但不能熟练地表示垂直于坐标轴的直线，对两点的距离掌握不熟练		
	对垂直于坐标轴的直线的表示方法不理解，但理解两点的距离公式		
	都不理解		

（续表）

评价维度	具体内容	打"√"	改进措施
新规则设计（多选）	积极参与新规则设计，提出很多好的想法		
	虽想法不够多，但积极参与其他任务		
	提出了想法，但想法不够合理		
	积极参与新规则下的对弈，并提出改进意见		
	没有改进意见，但积极配合小组的其他安排		
	理解小组设计的新规则的基础版，但语言表达有所欠缺		
	能流畅地阐述小组设计的新规则的基础版		
	没有参与小组任务		

任务 3 活动评价表

评价维度	评价内容	评价标准	评价方式/工具
平面直角坐标系相关知识	1. 理解平移前后的对应两点的坐标关系 2. 理解关于坐标轴对称的两点、关于原点对称的两点的坐标关系	☆☆☆☆☆	课堂练习 作业反馈
应用能力	能够在新规则的设计中增加棋子的平移、对称等要素	☆☆☆☆☆	教师评价
合作交流	1. 与小组其他成员交流五子棋新规则的进阶版设计的积极性与主动性 2. 通过与小组其他成员对弈来不断修改新规则的积极性与主动性	☆☆☆☆☆	互评 教师评价
阐述作品	1. 阐述进阶版设计方案的思路的清晰度 2. 阐述进阶版与基础版差异的思路的清晰度 3. 阐述进阶版设计方案的语言表达的流畅度	☆☆☆☆☆	互评 教师评价

任务 3 学生自评表

评价维度	具体内容	打"√"	改进措施
我对点的运动的相关知识有哪些问题（多选）	没有问题		
	理解平移前后点的坐标的关系，但不能熟练地表示平移后点的坐标		
	容易混淆左右平移前后点的坐标的关系		
	不理解平移前后点的坐标的关系		
	理解两点关于坐标轴或者原点对称的坐标关系，但不能熟练地表示点的坐标		
	容易混淆关于 x 轴对称和关于 y 轴对称的点的坐标的关系		
	不理解两点关于坐标轴或者原点对称的坐标关系		
	对于点的所有运动均能理解并能熟练地表示运动前后点的坐标		
新规则设计（多选）	积极参与新规则设计，提出很多好的想法		
	虽想法不够多，但积极参与其他任务		
	提出了想法，但想法不够合理		
	积极参与新规则下的对弈，并提出改进意见		
	没有改进意见，但积极配合小组的其他安排		
	能流畅地阐述小组设计的新规则		
	理解小组设计的新规则，但语言表达有所欠缺		
	没有参与小组任务		

任务 2、3 学生互评表

评价对象：_____

评价维度	具体内容	得分（1~5）
任务分配	积极参与任务分配	
	对自己的优势的了解程度	
	对小组成员的优势的了解程度	
	对小组分配的任务的接受程度	
合作交流	积极完成自己的任务	
	积极主动参与新规则的设计讨论	
	积极主动与小组其他成员分享自己的想法	
	愿意参与五子棋对弈	
	愿意倾听小组其他成员的建议	
	愿意帮助小组其他成员共同完成小组任务	
作品阐述	理解小组设计的新规则	
	能够流畅地表述小组设计的新规则	
	能够阐述清楚小组设计的新规则的亮点	

《巧玩五子棋》项目的成果评价表

评价对象：_____

评价维度	评价标准			自评	互评	教师评价
	初级 C	良好 B	优秀 A			
1. 平面直角坐标系相关知识的运用	设计的五子棋规则中没有运用已知棋子的位置写坐标	设计的五子棋规则中运用了已知棋子的位置写坐标	设计的五子棋规则中运用了已知棋子的位置写坐标，并根据棋子的坐标确定棋子的位置			
	设计的规则中没有运用点沿着与坐标轴平行的方向平移时的坐标变化	设计的规则中简单运用点沿着与坐标轴平行的方向平移时的坐标变化	设计的规则中详细地描述了棋子在什么范围内应该如何平移			

（续表）

评价维度	评价标准			自评	互评	教师评价
	初级 C	良好 B	优秀 A			
1. 平面直角坐标系相关知识的运用	设计的规则中没有运用点关于坐标轴或原点对称的坐标变化	设计的规则中简单运用点关于坐标轴或原点对称的坐标变化	设计的规则中详细说明了棋子在什么情况下可以进行相应的移动变化			
2. 规则的合理性	设计的各个规则之间条理不清晰，相互之间有矛盾	设计的各个规则之间有一定的条理性，但有些规则之间有矛盾	设计的各个规则有条理，相互之间不矛盾			
	设计的规则难易度不均匀，不能正常实施	设计的规则难易度相对合理，适合部分学生	设计的规则难易度合理，适合所有程度的学生			
3. 规则的创新性	设计的规则没有层次	设计的规则有一定的层次，但不够清晰	设计的规则有层次、有梯度			
	设计的规则不够新颖，与原规则相差不大	设计的规则有一定的新颖性，在原规则基础上有相对多的变化	设计的规则十分新颖，打破原有的规则，与众不同			
	设计的规则方案形式普通	设计的规则方案形式有一定的不同	设计的规则方案形式独特			
4. 规则的清晰度	描述规则的语言烦琐、不清晰	描述规则的语言相对简洁，但部分描述不够清晰	描述规则的语言简洁清晰、不烦琐			
	描述规则的语言不通顺、不易理解	描述规则的语言相对通顺	描述规则的语言十分通顺，易于理解			
5. 汇报人的语言表达情况	汇报人的语言表达断断续续、不流畅	汇报人的语言表达相对流畅，但有些啰唆	汇报人的语言表达简洁、清楚、流畅			
	汇报人思路不清晰，设计方案描述得不够完整	汇报人思路相对清晰，可以简单地描述设计方案	汇报人思路十分清晰，十分完整地描述设计方案			

七、项目实施建议

（一）课本单元内容

本项目所对应的单元是沪教版《数学》七年级第二学期第十五章《平面直角坐标系》，一般建议课时安排为 6 课时，即 "15.1 平面直角坐标系" 2 课时，"15.2 直角坐标平面内点的运动" 3 课时，"本章小结" 1 课时。

（二）基于项目化学习的单元内容

教学单元	沪教版《数学》七年级第二学期第十五章《平面直角坐标系》
总课时数	7
具体课时规划	项目任务/教学内容
1	任务 1
2	任务 2-1
3	任务 2-2
4	任务 3-1
5	任务 3-2
6	任务 4、5
7	习题课 　　通过练习非整数情况下的点的坐标、点的运动及其坐标变化等相关内容，掌握平面直角坐标系中任意点的坐标与点一一对应的关系以及任意点运动前后或对称前后的坐标变化

说明与建议：

1. 入项活动是了解五子棋棋谱与平面直角坐标系之间的关系，为之后的规则设计做铺垫，这个部分 0.5 个课时足矣，所以第 1 课时中只需要 0.5 个课时来进行入项活动，而在第 6 课时的出项活动中，包含了设计分享与 PK 赛，故需要 1.5 个课时来进行，剩下的每个活动与教材内容较为匹配，故均为 1 个课时。

2. 第 7 课时的内容是对本单元知识的补充习题课，五子棋部分涉及的都是整数点，对于非整数点的内容没有进一步的练习，因此增加这一课时来完善对此类知识的理解掌握。

3. 在第 2 课时中，涉及的知识点有坐标平面内的象限，这部分知识在进行项目活动时，可以从五子棋棋谱选取的坐标原点不同来进行对比说明，而在讲解时需要注意项目活动与知识点之间的连贯性，以免出现脱节现象。

4. 在第 5 课时中，由于涉及的知识点原因，建议在讲解时选取以棋谱中心为坐标原点的棋谱，若以棋谱的左下角等为坐标原点，这部分的知识点没有办法与项目任务建立联系，那么在规则设计时也就缺少了一些新的元素。

多功能绘圆尺 DIY

上海市市八初级中学　邱　喆

一、项目简介

在日常生活中，圆是一种常见的基本图形，它结构圆满，曲线漂亮，是各种造型设计中的基本图形。绘制圆的传统工具是圆规，但在教学过程中发现，六年级的学生在使用圆规时并不能很好地控制，不易画出想要的完美的圆，并且在需要绘制半径较小的圆时，使用圆规来画也不方便。市面上有一类可以辅助画圆的工具尺——绘圆尺，其相较于圆规，结构简单，操作方便，还有许多拓展功能，非常适合低年级的学生使用。本项目以"设计多功能绘圆尺"为主线，开展圆和扇形的单元知识学习，使学生知道圆的周长、面积、弧长以及扇形面积的计算方法。经历逐步完善绘圆尺在"功能性"上的项目过程，包括内盘结构和外盘结构的设计，完成属于自己个性化的绘圆尺设计图。以本项目为载体，发展学生的抽象能力和数学应用意识。在指导学生验证设计可行性与优化设计的过程中，可以酌情进一步融合电脑制图软件 AutoCAD、GeoGebra 的使用，增强学生的信息技术素养。

二、 项目成果

最终成果：多功能绘圆尺设计图

成果说明：

　　最终成果为学生自行设计的多功能绘圆尺设计图，其应有以下几个部分：第一，对设计图中各部分的设计意图与作用有准确的说明，呈现清晰的设计思路；第二，对设计图中各个部件的尺寸大小与位置有明确的标注；第三，具有个性化功能的创新设计要素。

三、 项目目标

　　1. 认识圆，会用圆规等工具按照要求画圆，掌握圆的基本特征。

　　2. 通过实践操作，理解圆周率的意义，理解并掌握圆的周长、面积的计算公式，体会"化曲为直"的数学思想方法，能解决一些相应的实际问题，提升运算能力，培养应用意识。

　　3. 经历等分圆的操作活动，认识弧、扇形，掌握弧与扇形的基本特征，增强几何直观，发展应用意识。

　　4. 通过尝试、探究、分析、归纳，推导出弧长与扇形面积的计算方法，体会从特殊到一般转化的数学思想。

　　5. 从生活实例、数学史料出发，经历制作多功能绘圆尺设计图的过程，掌握圆与扇形的相关知识，感受数学之美，了解数学文化，提高学习兴趣。

四、 项目规划

阶段任务	核心知识与素养	阶段成果
任务1：认识绘圆尺	圆的基本元素 合作协调、语言表达	评价量表

（续表）

阶段任务	核心知识与素养	阶段成果
任务 2：对绘圆尺的内盘结构进行设计	会用圆的周长、面积的公式进行计算 运算能力、几何直观、应用意识	评价量表 绘圆尺设计图内盘部分，完善绘圆尺功能
任务 3：对绘圆尺的外盘结构进行设计	会用弧长、扇形面积的公式进行计算 运算能力、几何直观、应用意识	评价量表 绘圆尺设计图外盘部分，完善绘圆尺功能
任务 4：对自己的设计图进行介绍展示	实践创新、语言表达、质疑反思	绘圆尺设计图、项目活动评价表

五、 项目核心活动

活动实践	学生活动	教师组织
任务 1	入项活动 1. 使用并比较绘圆尺与圆规的异同与优劣之处，从而认识绘圆尺 2. 归纳画圆工具所需具备的要素，明确项目任务	1. 简单介绍绘圆尺的使用方法，引导学生使用并进行展示说明 2. 结合画圆过程中的要点，设计相应的练习，组织学生运用圆规与绘圆尺进行练习 3. 引导学生归纳画圆工具所需具备的要素
任务 2-1	探究活动 1. 通过测量与计算，发现圆周长与直径/半径之间的数量关系 2. 对绘圆尺内盘的半径进行初步设想，提出设计方案，并说明论证设计意图，着重思考如何提高可用半径的范围和精度	1. 学生在进行测量与计算操作时，教师应给予正确引导，对可能产生的测量误差等问题进行提问，培养学生严谨的学习习惯 2. 学生在进行面积公式推导时，教师应视学生思考情况给予足够的提示与说明，培养学生转变化归的数学思想 3. 结合任务 1 所归纳的绘圆工具所需具备的要素，对内盘上圆心和半径的体现进行设计引导（详见下文"活动说明"）
任务 2-2	探究活动 1. 通过拆分圆再组合的动画，对圆的面积公式进行推导 2. 进一步完善绘圆尺内盘的设计，从实际角度出发，对内盘设计方案进行确定	

（续表）

活动实践	学生活动	教师组织
任务3-1	探究活动 1. 通过对圆依次进行二等分、四等分、八等分至360等分的动画展示，引导学生对弧长公式进行推导 2. 对绘圆尺外盘进行初步设想，提出设计方案，并说明论证设计意图，着重思考如何提高可用圆心角的范围和精度，并思考如何利用空余空间进行功能拓展	1. 学生在探究弧长与圆周长的关系时，教师可设置问题对学生加以引导，从而引出"圆心角的概念"，同时联系上一章《比和比例》的知识内容，让学生理解部分与整体之间的关系 2. 学生在进行扇形面积公式推导时，教师应积极引导学生运用归纳弧长公式时的思考方法，进行知识迁移，培养学生化归与转化的数学思想 3. 参照任务1归纳的绘圆工具所需具备的要素，对外盘上角度刻度的体现以及空余部分的额外功能性利用进行设计引导（详见下文"活动说明"）
任务3-2	探究活动 1. 通过对弧长公式推导的过程，进行类比迁移，对扇形面积公式进行推导 2. 进一步完善绘圆尺外盘的设计，并思考如何利用空余空间进行功能拓展	
任务4	出项活动 1. 设计项目作品并交流 2. 完成评价量表	1. 关注学生的设计完成情况、小组合作情况、设计思路的表达，引导其他学生发现设计亮点与不足，给出改进建议 2. 设计项目成果评价表，指导学生完成评价表，最后对整个项目进行总结

活动说明：

本项目核心是基于市面上已有的两款绘圆尺（图1）进行功能的整合与升级，通过入项活动帮助学生了解现有两款绘圆尺的工作原理与使用方法，同时对"一款好的绘圆工具"应该从哪些维度去判断进行明确，为之后的设计活动打好基础。

绘圆尺的内盘结构设计重点在于半径的范围与精度的确定，在入项活动中学生会得到这样两条经验："画半径较小的圆，描着现有圆孔画最方便"；"想画固定半径的圆一定要找到对应半径的小孔"，而现有的两款绘圆尺都存在功能单一以及精度不够的情况（相邻大小的半径跨度为0.5 cm）。针对这样的情况，如能做出图2的设计，可以使得半径范围从0.2 cm到5 cm，跨度为0.1 cm。半

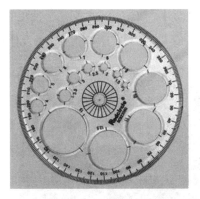

图 1 市面已有的两款绘圆尺

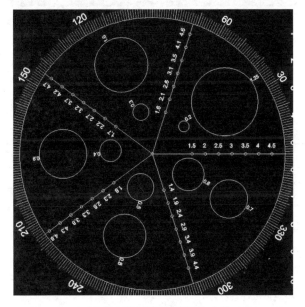

图 2 优化设计的绘圆尺

径范围和精度的确定同时也为进一步掌握圆的周长与面积公式打下基础。

    绘圆尺的外盘结构设计重点在于圆心角范围和精度的确定,以及空余空间的功能拓展。现有的绘圆尺只是将圆周进行了 12 等分,如遇到需要进行其他等分或者更细致的圆心角要求就无能为力了,不如将外盘的等分刻度直接细分成 360 份,并标注清楚角度,更便于绘制指定圆心角的情形。圆心角范围和精度的确定同时也为进一步掌握弧长与扇形面积公式打下基础。

剩余的部分可以参照图 3 手账花尺的设计，留给学生做一些个性化的创意安排，同时也增强了本项目的趣味性，鼓励学生主动参与，提出自己的设计方案。

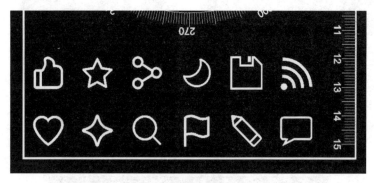

图 3　手账花尺

六、项目评价方案

任务 1 活动评价表

评价维度	评价内容	评价标准	评价方式/工具
资料收集	了解画圆工具的品类与方式	☆☆☆☆☆	自评 互评
模型建立	1. 理解圆规与绘圆尺各自的作图原理 2. 明确画圆工具评价的维度	☆☆☆☆☆	自评
合作交流	1. 与小组其他成员分享交流绘圆尺使用方法与相关细节的积极性与主动性 2. 与小组其他成员合作规划设计最初的自制绘圆尺设计目标	☆☆☆☆☆	互评 教师评价

任务 1 学生自评表

评价维度	具体内容	打"√"	改进措施
我对圆规与绘圆尺的使用方法的掌握程度如何（单选）	两种都可以按照要求快速准确完成作图		
	两种都会使用，但是操作尚不熟练		
	会使用圆规，但不会使用绘圆尺		
	两种都完全不会用		

（续表）

评价维度	具体内容	打"√"	改进措施
我对画圆工具评价维度的理解程度（单选）	相关评价方法完全了解		
	了解全部三个维度的区分		
	了解其中两个维度的区分		
	了解其中一个维度的区分		
	完全不了解		
组队积极性（单选）	积极参与分组活动		
	主动组队，但不够积极		
	等待其他人邀请		
	等别人组完之后，剩下人员自行组成一队		

任务 1 学生互评表

评价对象：＿＿＿＿＿＿

评价维度	具体内容	得分（1～5）
对画圆工具评价维度的理解程度	掌握圆规的使用方法	
	掌握绘圆尺的使用方法	
	理解对画圆工具评价维度的区分	
小组合作	积极参与分组活动	
	积极收集相关资料	
	积极与小组其他成员分享自己的想法	
	积极参与任务设计	
	愿意倾听小组其他成员的建议	

任务 2、3 活动评价表

评价维度	评价内容	评价标准	评价方式/工具
圆周长、面积公式	1. 会用圆周长公式计算，并能够灵活解决实际应用问题 2. 会用圆面积公式计算，并能够灵活解决实际应用问题	☆☆☆☆☆	课堂练习作业反馈

（续表）

评价维度	评价内容	评价标准	评价方式/工具
弧长、扇形面积公式	1. 会用弧长公式计算，并能够灵活解决实际应用问题 2. 会用扇形面积公式计算，并能够灵活解决实际应用问题	☆☆☆☆☆	课堂练习 作业反馈
抽象思维	理解半径的大小决定圆周长与圆面积的大小	☆☆☆☆☆	自评
应用能力	能够将评价画圆工具的分类维度运用到自己新的设计之中	☆☆☆☆☆	教师评价
任务分配	合理分配适合小组其他成员的任务	☆☆☆☆☆	互评
合作交流	1. 与小组其他成员交流绘圆尺设计的积极性与主动性 2. 通过与小组其他成员交流，博采众长，共同完成更符合要求的设计作品	☆☆☆☆☆	互评 教师评价
阐述作品	1. 阐述绘圆尺设计方案的思路的清晰度 2. 阐述绘圆尺设计方案的语言表达的流畅度	☆☆☆☆☆	互评 教师评价

任务 2 学生自评表

评价维度	具体内容	打"√"	改进措施
我对圆周长相关知识的掌握程度（单选）	掌握得很好，可以熟练解决应用问题		
	会灵活使用公式计算		
	只会求"已知直径求周长"的问题，无法解决公式变形相关问题		
	不理解，不会使用公式		
我对圆面积相关知识的掌握程度（单选）	掌握得很好，可以熟练解决应用问题		
	会灵活使用公式计算		
	只会求"已知半径求面积"的问题，无法解决公式变形相关问题		
	不理解，不会使用公式		

（续表）

评价维度	具体内容	打"√"	改进措施
绘圆尺内盘设计（单选）	积极参与绘圆尺内盘的设计，并提出了本组的主要设计创意		
	虽想法不够多，但积极参与其他任务		
	提出了想法，但想法不够合理		
	没有改进意见，但积极配合小组的其他安排		
	没有参与小组任务		

任务 3 学生自评表

评价维度	具体内容	打"√"	改进措施
我对弧长相关知识的掌握程度（单选）	掌握得很好，可以熟练解决应用问题		
	会灵活使用公式计算		
	只会求"已知圆心角和半径求弧长"的问题，无法解决公式变形相关问题		
	不理解，不会使用公式		
我对扇形面积相关知识的掌握程度（单选）	掌握得很好，可以熟练解决应用问题		
	会灵活使用公式计算		
	只会求"已知圆心角和半径求扇形面积"的问题，无法解决公式变形相关问题		
	不理解，不会使用公式		
绘圆尺外盘设计（单选）	积极参与绘圆尺外盘的设计，并提出了本组的主要设计创意		
	虽想法不够多，但积极参与其他任务		
	提出了想法，但想法不够合理		
	没有改进意见，但积极配合小组的其他安排		
	没有参与小组任务		

任务 2、3 学生互评表

评价对象：＿＿＿＿＿＿

评价维度	具体内容	得分（1～5）
任务分配	积极参与任务分配	
	对自己的优势的了解程度	
	对小组其他成员的优势的了解程度	
	对小组分配的任务的接受程度	
迭代优化	积极完成自己的任务	
	积极主动参与绘圆尺设计优化的讨论	
	积极主动与小组其他成员分享自己的想法	
	愿意参与绘圆尺设计可行性的验证	
	愿意倾听小组其他成员的建议	
	愿意帮助小组其他成员共同完成小组任务	
合作交流	积极完成自己的任务	
	积极主动提出自己的绘圆尺设计方案	
	积极主动对别人的方案进行有效评价	
	愿意倾听小组其他成员的建议	
	愿意帮助小组其他成员共同完成小组任务	
作品阐述	能有逻辑地分析方案设计的目标	
	能够流畅地阐述小组设计方案优化的过程	
	能够阐述清楚小组的初步整合方案的特色	

"多功能绘圆尺 DIY" 项目的成果评价表

评价对象：＿＿＿＿＿＿

评价维度	评价标准			自评	互评	教师评价
	初级 C	良好 B	优秀 A			
1. 圆和扇形相关知识的运用	仅知道圆周长公式，计算会出错	能使用圆周长公式进行计算	能灵活使用圆周长公式解决应用问题			

（续表）

评价维度	评价标准			自评	互评	教师评价
	初级 C	良好 B	优秀 A			
1. 圆和扇形相关知识的运用	仅知道圆面积公式，计算会出错	能使用圆面积公式进行计算	能灵活使用圆面积公式解决应用问题			
	仅知道弧长公式，计算会出错	能使用弧长公式进行计算	能灵活使用弧长公式解决应用问题			
	仅知道扇形面积公式，计算会出错	能使用扇形面积公式进行计算	能灵活使用扇形面积公式解决应用问题			
2. 设计方案的合理性	设计方案的功能不清晰，无法达到理想的效果	设计方案的功能齐全，但尚不优秀	设计方案的功能清晰，能达到理想的效果			
	设计方案的可操作性不强，几乎无法实现	设计方案的可操作性一般，部分内容还需要适当改造	设计方案的可操作性强，可以实现			
3. 设计方案的创新性	设计方案中规中矩，没有创新之处	有设计上的突破创新，但实现有些漏洞	设计方案让人耳目一新			
	设计方案的布局凌乱，没有得体的疏密规划	设计方案与参考样本大同小异，没有太大优化	设计方案精致整洁，并认真规划布局			
4. 汇报人的语言表达情况	汇报人的语言表达断断续续，不流畅	汇报人的语言表达相对流畅，但有些啰唆	汇报人的语言表达简洁、清楚、流畅			
	汇报人思路不清晰，设计方案描述不够完整	汇报人思路相对清晰，可以简单地描述设计方案	汇报人思路十分清晰，能十分完整地描述设计方案			

七、项目实施建议

（一）课本单元内容

本项目所对应的单元是沪教版《数学》六年级第一学期第四章《圆与扇

形》，一般建议课时为 7 课时，即"4.1 圆的周长"1 课时，"4.2 弧长"1 课时，"4.3 圆的面积"2 课时，"4.4 扇形的面积"2 课时，"本章小结"1 课时。

（二）基于项目化学习的单元内容

教学单元	沪教版《数学》六年级第一学期第四章《圆与扇形》
总课时数	8
具体课时规划	项目任务/教学内容
1	任务 1
2	任务 2-1
3	任务 2-2
4	习题课 　　本课时以圆的周长和面积公式的应用为主要教学内容，通过复习公式的各种表达形式，能够综合运用圆的相关公式解决计算与简单的应用问题
5	任务 3-1
6	任务 3-2
7	习题课 　　本课时以弧长和扇形面积公式的应用为主要教学内容，通过复习公式的各种表达形式，能够综合运用弧长和扇形相关公式解决计算与简单的应用问题，同时对扇形统计相关内容有一定的初步认识，发展集体意识和决策能力
8	任务 4

说明与建议：

1. 本单元以项目化学习方式实施，以绘圆尺的设计为明线、以单元知识为暗线开展学习，在绘圆尺设计时间上的占用势必会造成学生对相关公式应用的掌握程度有所欠缺，所以建议在单元教学中专门安排两堂习题课穿插其中，进行复习巩固，完善本单元知识应用方面的内容。

2. 本项目对原教材的课程安排进行了一些变动：将圆的面积与弧长两块内容进行了位置调换，原本教材上是基于"周长、弧长"属于同一类，又具有整体与局部的关系，故而放在一起。现进行这样的调整，是基于"决定圆的周长与面积的量都是半径"，而半径在绘圆尺上的具体体现就是在内盘的设计上，故进行调整，作为一个整体进行教学。其后的"弧长与扇形面积"关键量是"圆心角"，与外盘的设计相关，故而做出这样的调整。

3. 在项目实施过程中，在始终保持知识与项目双管齐下，齐头并进，指导学生合理安排探究的时间与精力下，既要积极思考项目实施过程中学生对各个活动的参与度、思考的严密性、评价的精准性，又要学习巩固好单元的核心知识——知道圆的周长、半径和直径，认识圆周率，会计算圆的周长和面积、弧长、扇形面积等，能用相应公式解决简单的实际问题。通过这样的学习方式，学生能够更好地将理论知识与实际操作相结合，提高学习效果。

布展方案设计

上海市金陵中学　方婷婷

一、项目简介

在日常生活中，我们常常需要根据需求对特定场地进行布展设计，如各类会展、大型主题活动、陈列展览馆等。本项目以近期学校举办"商品嘉年华暨中国古代商品史课成果展"活动为背景，以"利用篮球场进行布展设计"为主线，开展《一元二次方程》单元的学习。目标是：理解一元二次方程的基本概念；会用开平方法、因式分解法解特殊的一元二次方程；掌握求根公式，会用配方法和公式法解一元二次方程，领会"化归"思想和"降次"策略。经历"了解布展设计元素→学习布展方案的设计方法→设计撰写布展方案→发表布展设计招标书"的项目过程，完成学校"商品嘉年华"的方案招标。以"布展方案设计"项目为载体，开展小组合作式学习，体会方程思想，体验从特殊到一般、从具体到抽象的思考方法，增强学生的几何直观、模型观念和运算能力，发展数学应用意识和创新意识。考虑到实际布展设计的多样性与数据的复杂性，在该项目化学习过程中，融合学校项目"智能技术支持下的学习活动设计研究——图形计算器的使用"，增强学生的信息技术素养，培养实践创新意识。

二、 项目成果

最终成果：学校"商品嘉年华"的布展方案招标书

成果说明：

　　学校会定期开展各种活动，需要对场地进行规划布置，如"书香进校园""劳动嘉年华""爱心义卖活动"等。不同的活动对场地的功能要求、设计规划都不同。在本项目中，学生作为布展方案的设计者，选择与活动需求匹配的布展元素，利用一元二次方程的相关知识，完成一份布展方案的招标书。

　　招标书中需要包含最终的布展方案设计图与设计说明。布展方案设计图需按比例尺绘制并标注相应数据，可以是手绘设计图，也可利用电脑软件绘制。设计说明至少包括布展设计的内涵与所运用的数学知识两方面。

三、 项目目标

　　1. 了解布展中的设计元素与功能要求，体会布展设计的生成过程与制约条件，从生活情境中抽象概括出方程的数学表达形式，提升抽象能力、几何直观，形成数据观念。

　　2. 在了解多种基本布展方案的基础上，为实现布展设计的功能性需求，提出设计思路，抽象出一元二次方程的概念，用数学的思维探索、分析和解决具体情境中的现实生活问题，能够知道解决问题方法的多样性，具备一定的应用意识和模型观念。

　　3. 经历检验布展设计的可实施性与场地使用面积最大化的过程，掌握用开平方法、因式分解法、配方法、公式法进行一元二次方程的求解，合理解释运算结果，发展运算能力、推理能力和抽象能力。

　　4. 经历布展方案设计呈现和交流分享的两个阶段，综合运用一元二次方程的概念和解法的相关数学知识，在小组合作中加强合作协调能力，培养创新意识，发展语言表达能力。

四、 项目规划

阶段任务	核心知识与素养	阶段成果
任务1：了解布展方案设计	寻找未知量与已知量之间的等量关系 模型观念、几何直观、抽象概念	具有比例尺的初步的布展设计图（需要在篮球场设计4个商品展位、4个游戏展位、1个知识竞答展位和1个商品兑换区）
任务2：在布展中设计含有正方形、圆形、扇形等平面几何图形的元素	一元二次方程的解、用开平方法解特殊的一元二次方程 运算能力、模型观念、几何直观	设计图的进一步完善：在设计图中增加不同的平面几何图形元素
任务3：在布展中利用"围栏"进行功能区划分	用配方法解一元二次方程 运算能力、模型观念、几何直观	设计图的进一步完善：在设计图中利用"围栏"进行功能区划分
任务4：你的布展方案设计可以实现吗？	用公式法解一元二次方程及利用根的判别式检验实际方案 运算能力、模型观念、几何直观	设计图的进一步完善：在设计图中标注相应数据
任务5：在布展中设计参观路线	用因式分解法解一元二次方程 运算能力、模型观念、几何直观	设计图的进一步完善：在设计图中优化参观路线，标注相应数据
任务6：竞投布展方案设计招标会	创新意识、语言表达、质疑反思	项目活动评价表

五、 项目核心活动

活动实践	学生活动	教师组织
任务1	入项活动 1. 查找布展设计平面图，对其构成元素与设计原则有初步印象与了解 2. 关注近期校园需要布展的活动，收集活动内容与场地布置要求 3. 测量学校篮球场大小：宽17米、长27.6米的长方形，按比例绘制，并标注出数据、出入口等信息	1. 查阅相关背景资料，分类整理布展设计中的主要构成元素与基本模型 2. 通过学生熟悉的校园活动与体验，引发学生思考布展方案的不同功能要求，引导学生思考布展设计的生成过程与制约条件

（续表）

活动实践	学生活动	教师组织
任务 1	4. 调研：根据以往活动，收集各活动区域的场地需求面积、人流情况、排队等待时间等，修改布展设计，如：通过设置不同区域的道路宽度达到排堵顺畅，增设热门活动场地减少排队时间等	3. 引导学生关注布展设计中功能区域的面积，探索与布展面积有关的问题，明确在布展设计中实现功能区域面积的最大化、合理化也是评价量表之一 4. 引导学生经历寻找未知量与已知量之间的等量关系、建立方程的过程，激发学生对数学的兴趣，培养模型观念和应用意识
任务 2	探究活动 1. 在已知正方形场地面积求其边长的问题中，利用已掌握的平方根运算，尝试运用开平方法解特殊的一元二次方程；在实际问题中，必须对方程的根进行检验以符合实际意义 例："商品嘉年华"活动中，设计一个面积为 36 平方米的正方形商品兑换台，请问这个兑换台的边长是多少米？ 2. 利用圆形、扇形等平面几何图形丰富设计元素，经历观察、比较、分析的过程，归纳得出解形如 $ax^2 + c = 0 (a \neq 0)$ 方程的一般步骤 例："商品嘉年华"活动中，设计一个面积为 50 平方米的半圆形展示舞台，请问这个舞台的半径是多少米？ 3. 优化布展设计：利用长方形、圆、扇形、三角形等平面几何图形设计活动区域，并标注相应数据	1. 结合上一个任务，收集整理学生布展设计图，建立成长档案，分享学生设计的不同布展方案，体现多样性与创新性 2. 引导学生在具体情境中进行知识类比与迁移，通过观察、解释方程的解与应用题解的关系，了解检验的必要性 3. 概括开平方法解题步骤时，设置坡度，先引导学生在具体感知的基础上进行具体概括，再通过练习进一步归纳，培养学生探究一般规律的方法和能力 4. 对学生的回答、作业、布展设计进行评价与引导，并指导学生正确、规范地绘制布展图
任务 3	探究活动 1. 前期调研 游戏场地要求： 每条投壶赛道：长度不少于 6 米，宽度不少于 1.5 米；每条套圈赛道：长度不少于 8 米，宽度	1. 结合上一个任务，收集整理学生布展设计图，建立成长档案，分享学生设计的不同布展方案，体现多样性与创新性

活动实践	学生活动	教师组织
任务3	不少于2米；每组斗草、藏钩场地：长度不少于2米，宽度不少于1.5米。因投壶、套圈游戏时间较长，需尽可能多地布置赛道，以减少排队等候时间 2.利用布展设计中常见的围栏，对活动场地进行功能划分，感知布展设计方法、组合、制约因素 　　例1：利用48米长的围栏带围成一面积为120平方米的长方形，你会如何设计？如果设计1.5米宽的出入口与道路相通，方便进出4个游戏场地，你会如何设计？ 　　例2：如下图所示，用围栏围成的长方形游戏展位，其中一面利用现有的一段墙，且在与墙平行的一边开一个1米宽的门，现有围栏的长度为21米，游戏展位面积需要40平方米，若墙长8米，求展位的长和宽. （1）变式一：若墙长5米，求展位的长和宽. （2）变式二：若墙长2.5米，求展位的长和宽. （3）通过对上面三题的讨论，你觉得墙长对布展方案有何影响？你有对应的解决方案吗？ 3.在经历图形的变化和灵活转化的过程中，对不同资源进行初步甄别，在分享、类比学生间的方案设计过程中激发灵感，激活创新思维，不断改进完善自己的布展方案 　　例：假设游戏竞技区为宽8米、长15米的长方形，有投壶、斗草、藏钩、套圈4种游戏，需要在其内部用隔离带划分4个游戏区域，根据前期调研，你会如何设计？	2.由实际问题出发，引导学生经历寻找未知量与已知量之间的等量关系、建立一元二次方程的过程，促进学生关注数学与现实的联系，逐步形成数学模型观念 3.在不断出现的困难与矛盾中，通过提问，引导学生观察思考，明确实际问题解决与配方法的联系，研究、概括、掌握配方法解一元二次方程的方法与步骤，同时渗透化归的数学思想 4.对学生的回答、作业、布展设计进行评价与引导，并指导学生正确、规范地绘制布展图

（续表）

活动实践	学生活动	教师组织
任务3	学生作品分享： 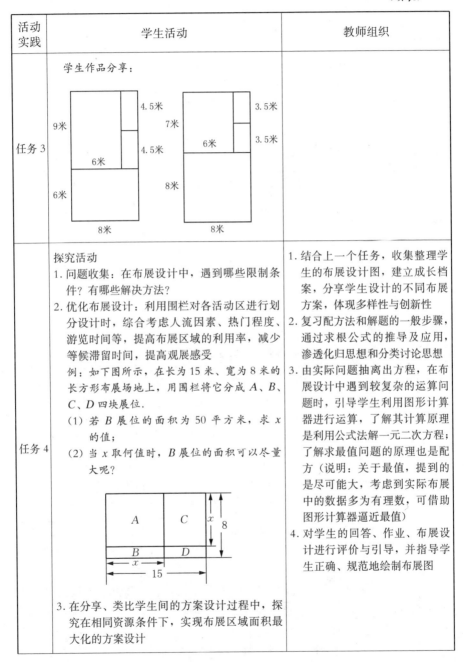	
任务4	探究活动 1. 问题收集：在布展设计中，遇到哪些限制条件？有哪些解决方法？ 2. 优化布展设计：利用围栏对各活动区进行划分设计时，综合考虑人流因素、热门程度、游览时间等，提高布展区域的利用率，减少等候滞留时间，提高观展感受 例：如下图所示，在长为15米、宽为8米的长方形布展场地上，用围栏将它分成 A、B、C、D 四块展位. (1) 若 B 展位的面积为 50 平方米，求 x 的值； (2) 当 x 取何值时，B 展位的面积可以尽量大呢？ 3. 在分享、类比学生间的方案设计过程中，探究在相同资源条件下，实现布展区域面积最大化的方案设计	1. 结合上一个任务，收集整理学生的布展设计图，建立成长档案，分享学生设计的不同布展方案，体现多样性与创新性 2. 复习配方法和解题的一般步骤，通过求根公式的推导及应用，渗透化归思想和分类讨论思想 3. 由实际问题抽离出方程，在布展设计中遇到较复杂的运算问题时，引导学生利用图形计算器进行运算，了解其计算原理是利用公式法解一元二次方程；了解求最值问题的原理也是配方（说明：关于最值，提到的是尽可能大，考虑到实际布展中的数据多为有理数，可借助图形计算器逼近最值） 4. 对学生的回答、作业、布展设计进行评价与引导，并指导学生正确、规范地绘制布展图

（续表）

活动实践	学生活动	教师组织
任务4	例：如下图所示，游戏竞技区由一个半圆和一个正方形构成，其中将半圆四等分作为斗草、藏钩游戏区，正方形分割成三个宽度相等的赛道用于投壶游戏，如果用长为150米的隔离带进行布展，那么如何设计使整个布展区域面积尽量大呢？（结果精确到0.1米） 	
任务5	探究活动 1. 资料收集：在布展设计中，除了连接各活动区的步道外，各活动区与主干道、活动区内部也有路线设计，它能有效引导人流方向、缓解人员拥堵滞留等，查阅收集布展中的路线设计类型 2. 优化布展设计：利用活动区的出入口设计，有效连接展览步道与其他活动区域，减少滞留；预设参观导引路线，引导客流方向，防止客流对冲 例：如下图，在"商品嘉年华"布展设计中两个游戏活动区域共用一条围栏，出入口都正对展览步道，另一面利用墙（墙的最大可用长度为14米），现有长为22米的围栏，并在 BC 上空出宽为1米的两个小门，此时两个游戏活动区总面积刚好为80平方米，如何设计布展方案？ 	1. 结合上一个任务，收集整理学生的布展设计图，建立成长档案，分享学生设计的不同布展方案，体现多样性与创新性 2. 由实际问题抽离出方程，利用特殊方程及其特殊形式，引导学生体会一元二次方程求解的降次策略和化归思想 3. 在优化布展方案设计的过程中，引导学生观察、比较、分析，归纳用因式分解法解一元二次方程的基本特征和解题的一般步骤，提高归纳能力 4. 对学生的回答、作业、布展设计进行评价与引导，并指导学生正确、规范地绘制布展图

活动实践	学生活动	教师组织
任务5	3. 在分享同学间的方案设计过程中，对简单方案和复杂方案进行类比；利用步道或围栏，优化各活动场地之间、主题活动内部的参观路线 例：如下图，在上题基础上，两个游戏活动区的公共隔离围栏上也留有1米的小门，此时两个游戏活动区总面积扩大到88平方米，如何设计布展方案？ 	
任务6-1	出项活动 设计、改进、完善布展方案	1. 关注学生的知识掌握情况，回答学生提问 2. 把控布展方案设计进程，帮助协调小组合作 3. 设计项目成果评价表
任务6-2	出项活动 1. 参与布展方案招标会 2. 反思项目，完成评价	1. 提前完成小组抽签工作 2. 把控交流分享的节奏，留给学生充分思考的时间 3. 指导学生填写评价表，最后对整个项目进行总结

活动说明：

本项目的核心任务是布展方案设计。明线是学生参与"布展方案设计"活动，设计建模、分组合作，通过资料收集、前期调查、案例欣赏展开学习，方案设计从局部到整体，逐步提升设计的功能性与完整性。暗线是通过长方形的面积与边长之间的数量关系，建立未知量之间的等量关系，掌握一元二次方程的概念、解法，培养学生的运算能力与模型观念。

六、 项目评价方案

任务 1 活动评价表

评价维度	评价内容	评价标准	评价方式/工具
资料收集	布展设计相关资料收集的真实性、多样性与完备性	☆☆☆☆☆	自评 互评
	积极参与测量和调研活动，并且数据准确	☆☆☆☆☆	
知识理解	知道一元二次方程的概念	☆☆☆☆☆	自评 教师评价
建立模型	根据实际情境，建立未知量与已知量之间的等量关系	☆☆☆☆☆	自评 教师评价
合作交流	与小组其他成员分享交流布展设计的评价维度与依据	☆☆☆☆☆	互评 教师评价

任务 1 学生自评表

评价维度	具体内容	打"√"	改进措施
我对布展方案设计方面的了解（多选）	了解布展方案设计的任务要求		
	了解布展方案设计的过程方法		
	了解布展方案设计中的比例尺构图		
我对布展方案设计的了解程度如何（多选）	知道常用的平面几何图形及其周长、面积公式		
	知道布展方案设计中围栏、路线、活动区域的关系，布展方案设计的过程方法		
组队积极性（单选）	积极参与分组活动		
	主动组队，但不够积极		
	等待其他人邀请		
	等别人组完之后，剩下人员自行组成一队		

任务1 学生互评表

评价对象：_____

评价维度	具体内容	评分标准（1~5）
布展方案设计相关知识的收集	知晓布展方案设计	
	对布展方案设计的要求了解程度	
	对布展方案设计的过程方法了解程度	
	对布展方案设计中的围栏、路线、活动区域的了解程度	
小组合作	积极参与分组活动	
	积极收集相关资料	
	积极与小组其他成员分享自己的想法	
	积极参与任务设计	
	愿意倾听小组其他成员的建议	

任务2~5 活动评价表

评价维度	评价内容	评价标准	评价方式/工具
一元二次方程的相关知识	1. 知道一元二次方程、根、判别式等基本概念 2. 掌握用开平方法解一元二次方程的一般步骤 3. 掌握用配方法解一元二次方程的一般步骤 4. 掌握用公式法解一元二次方程的一般步骤 5. 掌握用因式分解法解一元二次方程的一般步骤 6. 知道利用方程解决实际问题的一般步骤 7. 归纳不同解法的适用情况	☆☆☆☆☆	课堂练习 作业反馈 自评 教师评价
运算能力	1. 选择适当的方法解一元二次方程 2. 运算结果准确	☆☆☆☆☆	课堂练习 作业反馈 自评 教师评价

（续表）

评价维度	评价内容	评价标准	评价方式/工具
模型观念	1. 根据实际情境，建立未知量与已知量之间的等量关系 2. 在实际问题中，对方程的运算结果作出合理解释 3. 具备从现实问题中抽象出数学问题的能力	☆☆☆☆☆	自评 教师评价
资料收集	1. 布展设计资料收集具有真实性、多样性与完备性 2. 积极参与测量和调研活动，并且数据准确	☆☆☆☆☆	互评 教师评价
应用创新	1. 选取布展设计基本元素，满足布展的功能要求 2. 考虑到布展中的制约因素，找到合理的解决方法 3. 布展方案设计中的数据准确、布局合理、具有亮点 4. 反思自己的不足，汲取他人值得借鉴的经验	☆☆☆☆☆	互评 教师评价
合作交流	1. 主动分享交流，清晰地表达自己的想法 2. 尊重他人意见，不固执己见 3. 善于发现同伴的优点，相互学习 4. 积极参与方案设计，主动承担小组任务 5. 遇到困难时能相互鼓励帮助，积极应对解决	☆☆☆☆☆	互评 教师评价
阐述作品	1. 阐述布展方案设计的思路清晰度 2. 阐述布展方案设计的语言表达流畅度	☆☆☆☆☆	互评 教师评价

任务 2~5 学生自评表

评价维度	具体内容	打"√"	改进措施
我对一元二次方程的解法有哪些问题（多选）	没有问题		
	会解一元二次方程但不熟练		
	对特殊方法解一元二次方程有些问题		

（续表）

评价维度	具体内容	打"√"	改进措施
我对一元二次方程的解法有哪些问题（多选）	对公式法解一元二次方程有些问题		
	会解一元二次方程，但会出现结果错误		
	能解对一元二次方程，不一定选择最合适的方法		
	在实际问题中，对方程的结果能作出合理解释		
	在实际情境中，建立已知量和未知量间的关系存在困难		
	对方法和概念都不理解		
布展方案的设计（多选）	积极参与布展方案设计，提出很多好的想法		
	虽想法不够多，但积极参与任务		
	提出了想法，但想法不够合理		
	积极绘制布展方案设计图，并提出改进意见		
	没有改进意见，但积极配合小组的其他安排		
	理解小组设计的布展方案，但语言表达有所欠缺		
	能流畅地阐述小组设计的布展方案		
	没有参与小组任务		

任务 2~5 学生互评表

评价对象：_____

评价维度	具体内容	得分（1~5）
任务分配	积极参与任务分配	
	对自己的优势的了解程度	
	对小组其他成员的优势的了解程度	
	对小组分配的任务的接受程度	

（续表）

评价维度	具体内容	得分（1～5）
资料收集	积极参与测量	
	积极参与调研与活动	
	积极收集布展方案设计的相关资料	
应用创新	布展方案满足活动的功能要求	
	布展中能考虑到制约因素，找到解决方法	
	布展方案设计中的数据准确性	
	布展方案的布局合理度	
合作交流	积极完成自己的任务	
	积极主动参与布展方案的设计讨论	
	积极主动与小组其他成员分享自己的想法	
	愿意参与布展方案的图文设计	
	愿意倾听小组其他成员的建议	
	愿意帮助小组其他成员共同完成小组任务	
作品阐述	理解小组设计的布展方案	
	能够流畅地表述小组设计的布展方案招标书	
	能够阐述清楚小组设计的布展方案的亮点	

《布展方案设计》项目的成果评价表

评价对象：_____

评价维度	评价标准			自评	互评	教师评价
	初级 C	良好 B	优秀 A			
1. 布展方案设计的合理性	布展方案设计图中划分四个活动区域，未标注活动名称	布展方案设计图中划分四个活动区域，并标注活动名称	布展方案设计图中划分四个及以上活动区域，并标注活动名称			
	布展方案设计中各区域分布不合理，较难满足活动需求	布展方案设计中区域分布较合理，能满足大部分活动需求	布展方案设计中各区域分布合理，能满足所有活动需求			

（续表）

评价维度	评价标准			自评	互评	教师评价
	初级 C	良好 B	优秀 A			
1. 布展方案设计的合理性	布展方案设计图上标注的数据缺失或不准确	布展方案设计图上标注的数据无缺失、较准确	布展方案设计图上标注的数据完整、准确			
	布展方案的设计说明杂乱啰唆，没有重点	布展方案的设计说明清晰，浅显易懂	布展方案的设计说明简洁，立意深刻			
2. 布展方案设计的美观实用性	参考基本布展方案模型，设计元素单一	参考基本布展方案模型，有两种设计元素	参考基本布展方案模型，有两种以上设计元素			
	布展方案设计图没有根据比例尺作图	布展方案设计图能按比例尺作图，部分不准确	布展方案设计图按比例尺作图，准确美观			
	布展方案设计需要较多围栏，不便搭建布置	布展方案设计时考虑到搭建与材料，但仍显不够	布展方案设计经济环保、便于搭建布置			
3. 布展方案设计的灵活性和独创性	布展方案设计缺乏灵活性，没有考虑到场地调整问题	布展方案设计有一定灵活性，能根据活动情况做小幅调整	布展方案设计灵活性大，能根据活动情况及时调整			
	招标书苍白无力，在招标会准备过程中被动应付	招标书表述清晰，在招标会准备过程中能主动参与	招标书富有感染力与号召力，在招标会准备过程中积极投入			
4. 汇报人的语言表达情况	汇报人的语言表达断断续续，不流畅	汇报人的语言表达相对流畅，但有些啰唆	汇报人的语言表达简洁、清楚、流畅			
	汇报人思路不清晰，设计方案描述不够完整	汇报人思路相对清晰，可以简单地描述设计方案	汇报人思路十分清晰，十分完整地描述设计方案			

七、 项目实施建议

（一） 课本单元内容

本项目所对应的单元是沪教版《数学》八年级第一学期第十七章《一元二次方程》，一般建议课时安排为 11 课时，即"17.1 一元一次方程的概念"1课时，"17.2 一元二次方程的解法"5 课时，"17.3 一元二次方程根的判别式"2 课时，"17.4 一元二次方程的应用"2 课时，"本章小结"1 课时。

（二） 基于项目化学习的单元内容

教学单元	沪教版《数学》八年级第一学期第十七章《一元二次方程》
总课时数	10 课时
具体课时规划	项目任务/教学内容
1	任务 1
2	任务 2
3	任务 3
4	任务 4
5	任务 5
6	习题课 　　本课时以解一元二次方程习题巩固为主要教学内容，通过练习四种一元二次方程的解法，学生能够综合运用四种方法解各种不同特点的一元二次方程，并会利用图形计算器进行验证
7	新授课：一元二次方程根的判别式 　　经历一元二次方程根的判别式的导出过程，会根据根的判别式判断方程的根的情况，会根据方程的根的情况确定方程中一个字母系数的取值范围
8	新授课：二次三项式的因式分解 　　知道二次三项式的因式分解与一元二次方程的根之间的联系；会通过求一元二次方程的根，在实数范围内将二次三项式因式分解
9	复习课 　　对单元进行复习小结，做好知识的整理，通过观察各种形式的一元二次方程的不同特点，熟练掌握其解法；同时复习巩固根的判别式、在实数范围内对二次三项式因式分解
10	任务 6

说明与建议：

1. 在入项课时，教师需给出项目成果要求，学生在明确项目任务后，通过探究课，让学生模仿布展设计的几种常规方法并进行尝试，探究布展方案的可实施性；在出项课中，分享布展方案、交流布展说明，通过方案设计的合理性、创新性、最优性、语言表达等维度进行评价，培养学生思维的有序性、合理性以及分析问题、解决问题的良好思维品质。

2. 教材在一元二次方程的解法部分按解法的特殊性与一般性进行划分，在该项目中以开平方法—配方法—公式法为知识链展开，故因式分解法放在之后的任务 5 中学习；单元中的"一元二次方程根的判别式""二次三项式的因式分解"与项目任务关联度不大，故利用新授课的方式对这部分知识进行补充；利用复习课将本单元知识进行归纳整理，将零散的知识结构化、系统化，加强学生运用知识解决问题的能力。

3. 在入项课前，教师可提供一些项目锦囊，如布展方案设计的步骤方法、路线设计模型、设计图纸样稿、文案说明等，让学生明确此项目的任务和成果作品。

4. 在项目分组时，教师需适当干预协调，从学生的知识基础、性格特点、兴趣爱好等方面进行组合，尽量让每位学生都能参与项目活动。

5. 在单元教学中除了关注项目实施外，还要注意数学思考方法的渗透。通过对"以通性求通解"的代数主题的认识，领会"化归"思想和"降次"策略，领悟"从特殊到一般"和"由具体到抽象"的数学思考方法。

我的理财手账

上海市金陵中学　方婷婷

一、 项目简介

随着孩子年龄的增长，压岁红包的管理、零花钱的使用、消费习惯等，常常会造成学生与家长间的矛盾。本项目抓住学生生活中的热点，将财务管理与数学中有理数的意义及运算联系起来，借助"理财手账"的设计、制作、分析等，研究学生消费习惯、储蓄借贷等行为，寻找化解矛盾、实现消费目标的最佳途径。

本项目的核心任务是利用"理财手账"实现自己的财务管理，所承载的核心知识是沪教版《数学》六年级第二学期第五章《有理数》单元的学习。目标是：掌握有理数的意义、基本运算法则和运算律，能根据生活场景选择适当的正负数来表示，选择合适的运算方法进行准确的计算。同时经历"了解理财手账→记录整理数据→统计分析数据→制作理财手账"的项目过程，完成个性化的理财手账，优化自己的消费行为，增强学生的运算能力与数据观念，发展数学应用意识和创新意识。

二、 项目成果

最终成果：理财手账

成果说明：

在本项目中，学生作为理财手账的记录者，需要先制定自己的心愿目标（单个或多个），设计理财手账的内容、结构与记录方式，以个人或家庭为单位记录三个月的流水账单；学生又是理财手账的分析者，借助有理数的相关知识和统计图表，分析这些数据所反映的各种问题，提出后期改进的方法，运用数学语言对其实际意义作出解释，完成一份理财手账。在这个过程中，学生逐步形成独立思考、批判质疑、克服困难的科学精神，同时能够理解父母工作挣钱的辛苦，常怀感恩之心。理财手账中需包含收支数据的分类统计图表、消费分析与改进方案。理财手账可以是手绘制作，也可利用电脑软件等绘制。消费分析与改进方案至少包括统计图表所反映出的消费习惯，运用所学的数学知识，提出具有针对性的优化方案。

三、 项目目标

1. 根据生活中的收支场景理解有理数的意义及分类，会运用正负数来表示，能判断一个数是正数还是负数，并解释其实际意义，形成抽象概念和数据观念。

2. 根据理财手账的内容需求，合理选择有理数的加法、减法、乘法、除法、乘方运算方法，并掌握其运算法则，准确熟练地进行有理数运算，增强运算能力，形成数据观念。

3. 在对理财手账进行分类整理、分析的过程中，掌握有理数的混合运算，并能灵活合理地运用运算律简化运算，增强运算能力，形成数据观念。

4. 利用所学的有理数的意义及运算，设定愿望清单，通过记录整理自己三个月的消费手账，分析自己的消费习惯，优化消费方案，提早实现愿望，并培养对父母的感恩之情。

四、 项目规划

阶段任务	核心知识与素养	阶段成果
任务 1：设计我的理财手账	有理数的意义 抽象概念、数据观念	1. 确定理财手账的内容框架 2. 每天在理财手账中逐条记录收支数据
任务 2：计算账户余额	有理数的加法 运算能力、数据观念	从收支、支付方式、消费类型等多角度，对理财手账中的数据进行运算整理
任务 3：确定实际与目标的差距	有理数的减法 运算能力、数据观念	从收支结余与消费目标的差距，寻找开源节流的方法
任务 4：简化计算，固定收支	有理数的乘法 运算能力、数据观念	整理、简化理财手账中的固定收支，补充记录家庭生活中自己的"隐形"消费
任务 5：免息分期还款预支的零花钱	有理数的除法 运算能力、数据观念	整理分析理财手账，制订有序合理的还款或定额储蓄计划
任务 6：选择适合自己的还款方式	有理数的乘方 运算能力、数据观念	罗列不同还款方式的优缺点，根据自身情况制订合适的消费和还款方案
任务 7：分析我的理财手账	有理数的混合运算 运算能力、数据观念	根据理财手账制作统计图表，绘制理财手账小报
任务 8：我的钱包我做主	实践创新、语言表达、质疑反思	项目活动评价表

五、 项目核心活动

活动实践	学生活动	教师组织
任务 1	入项活动 1. 查找理财手账的构成元素，对其结构框架、内容功能有初步印象与了解 2. 利用收入、支出相反意义的量，理解负数的意义，掌握有理数的分类 3. 运用有理数将收支费用记录在理财手账中，并保持前后一致	1. 查阅相关资料，收集整理理财手账的记录方式、结构类型，为学生提炼素材 2. 通过调查问卷了解学生红包奖励、零花钱、消费习惯、收支方式等情况，为项目展开做好前期调研

活动实践	学生活动	教师组织
任务 1		3. 引导学生做生活的观察者与记录者，并借助理财手账进行规范准确的记录
任务 2	探究活动 1. 通过理财手账中所记录的收支，计算一天的余额变化，观察、探索、归纳出有理数加法法则 例：规定收入为正，支出为负，现有如下收支情况： 1. 原有余额 5.8 元； 2. 妈妈给早餐费 10 元； 3. 购买早餐 9.2 元； 4. 乘坐地铁来回共 8 元； 5. 购买水笔 2.5 元. 请完成理财手账的填写： {表格：日期｜项目｜金额｜结余（空白若干行）} 2. 通过一周的手账记录，从收支、支付方式、时间、消费类型等角度进行分类，分别进行整理运算，探索加法运算律，简化运算 例：上题中，这天该同学共收入多少？支出多少？ 试着算算自己一周的收入和支出分别是多少？在食、行、学、乐等方面的支出分别是多少？	1. 结合上一个任务，选择展示代表性的理财手账作为课例素材，体现多样性与个性化 2. 了解学生对有理数加法运算的掌握情况，及时进行正确的指导 3. 对学生的回答、作业进行评价，并引导学生从多角度进行整理运算，为理财手账的制作做准备

日期	项目	金额	结余

（续表）

活动实践	学生活动	教师组织
任务3	探究活动 1. 明确近期的消费目标或储蓄目标 　例：一周后的"母亲节"，我想要为妈妈准备礼物，预计需××元，我能达成吗？ 2. 通过理财手账记录的收支情况、余额变化，确定实际与目标间的差距，在观察、探究、实践中归纳有理数减法法则，体会化归思想。 　例：若亲手制作"母亲节"的礼物，需要25元购买材料. 对于理财手账中这样的余额，你会怎么办呢？ { 情况 / 结余 table: A 33.6 B 17.4 C −2.2 D 0 E −25 }	1. 了解学生对有理数减法运算的掌握情况，及时进行正确的指导 2. 对学生的回答、作业进行评价，并引导学生制订消费计划，结合自身实际情况，进一步思考开源节流的方法
任务4	探究活动 1. 对两周理财手账中所记录的收支项目进行分类，整理出固定费用项目，尝试运用有理数乘法简化运算，在观察、探究、实践中归纳有理数乘法的法则 　例：学生在校午餐费为15元/天，则本周在校午餐费需多少元？本月在校午餐费需多少元？ 2. 在大件消费或家庭消费中，尝试计算每位成员所应承担的消费支出，在观察、探究、实践中归纳有理数乘法的运算律，利用运算律简化运算，在理财手账中补充记录、整理该部分内容。 　例：本月家庭的电费为94.2元，作为三口之家，每位成员该承担多少元？水费是每两个月进行缴费，此次收到水费账单68.6元，每位成员每月该承担多少元？如何记录在手账中？	1. 了解学生对有理数乘法运算的掌握情况，及时进行正确的指导 2. 对学生的回答、作业进行评价，并引导学生在理财手账中记录自己在家庭消费中的固定"隐形"支出，理解、感恩父母的抚养

其中情况表如下：

情况	结余
A	33.6
B	17.4
C	−2.2
D	0
E	−25

（续表）

活动实践	学生活动	教师组织
任务5	探究活动 1. 查阅资料：了解个人信用、借贷、免息、分期等额还款、零存整取等金融术语 2. 通过对理财手账的记录、整理，结合自己的消费目标或储蓄目标，科学有序地制订借贷或储蓄方案，在观察、探究、实践中归纳有理数除法法则，体会化归思想 例：小明想提早实现自己的愿望——购买价值 1 280 元的平板电脑，他看到理财手账中结余 596 元，他决定和父母商量，先预支一部分零花钱来购买平板电脑，之后每周等额分期还款．小明需要借多少钱？若计划用 20 周还完，平均每周还多少钱？如何记录在手账中？	1. 了解学生对有理数除法运算的掌握情况，及时进行正确的指导 2. 对学生的回答、作业进行评价 3. 通过介绍个人信用的重要性，引导学生认识到消费须量力而行；依据理财手账，制订科学有序的还款或定额储蓄计划
任务6	探究活动 1. 查阅资料：了解银行借贷、等额本息还款等金融术语 2. 模拟实际生活中的贷款方式，进行等额本息分期还款的演算与类比，借助计算器探索乘方概念形成的过程，理解有理数乘方的意义，掌握有理数乘方的运算 例1：如果将 1 万元压岁钱以定期的方式存入银行，月利率为 0.3%，存期为 1 个月，到期后连本带利再存 1 个月，依次类推进行存款，按要求列式，并借助计算器进行计算．（分别计算第 1 个月至第 4 个月、第 6 个月、第 10 个月的本利和） 例2：小明想购买一部价值 3 000 元的新手机，他了解到如下还款方式： 如果借款 n 个月，则有： 每月还款额 $=$ 借款金额 $\times \dfrac{\text{月利率} \times (1+\text{月利率})^n}{(1+\text{月利率})^n - 1}$, 还款总额 $=$ 借款金额 $\times \dfrac{\text{月利率} \times (1+\text{月利率})^n}{(1+\text{月利率})^n - 1} \times n.$	1. 了解学生对有理数乘方运算的掌握情况，及时进行正确的指导 2. 对学生的回答、作业进行评价，回答学生提问，引导学生合理消费，避免消费冲动导致的额外支出，体现数学的实际应用与育人价值

（续表）

活动实践	学生活动	教师组织
任务6	提问： 1. 假如小明借款 3 000 元，月利率为 0.5%，可以选择两种还款方式，还款时长分别是 6 个月和 12 个月，你能帮他算出两种还款方式的每月还款额和还款总额吗？ 2. 如果你也需要购买一部价值 3 000 元的新手机，根据你的手账结余情况和零花钱的还款能力，你会设计哪些还款方案呢？	
任务7	探究活动 1. 通过 1 个月理财手账中所记录的收支情况，从不同维度，如消费与收入、消费类型、支付方式、结余变化等进行分类整理，绘制统计图表，更全面地了解、分析自己的消费习惯 2. 交流理财手账的评价维度与评价依据	1. 了解学生对有理数混合运算的掌握情况，及时进行正确的指导 2. 对学生的回答、作业进行评价，并引导学生从多维度整理手账中的数据，迁移、归纳有理数运算顺序和去括号方法 3. 通过搭建理财手账的评价框架，形成表格，引导学生把制作手账考虑的问题转化为对作品的评价标准设计
任务8	出项活动 1. 展示自己的理财手账，分析自己的消费习惯及后续优化方案 2. 反思项目，完成评价	1. 提前完成抽签工作 2. 把控交流分享的节奏，留给学生充分的展示与思考时间 3. 指导学生填写评价表，最后对整个项目进行总结

活动说明：

本项目的核心任务是制作理财手账，明线是设计理财手账的内容框架，经过记录三个月的个人或家庭的收支情况，分类整理统计，借助软件生成多种统计图形，优化消费习惯，初步形成理财观念，培养学生的数学应用意识；暗线是以完善理财手账为线索，学习有理数的相关概念，掌握有理数的运算方法、运算法则和运算律，培养学生的运算能力与数据观念。

六、项目评价方案

任务1 活动评价表

评价维度	评价内容	评价标准	评价方式/工具
资料收集	理财手账相关资料收集的真实性、多样性与完备性	☆☆☆☆☆	自评 互评
知识理解	知道有理数的概念，掌握有理数的分类	☆☆☆☆☆	自评 教师评价
建立模型	将收支数据用有理数进行表示，并且前后统一	☆☆☆☆☆	自评 教师评价

任务1 学生自评表

评价维度	具体内容	打"√"	改进措施
我对理财手账方面的了解有哪些（多选）	了解理财手账的基本内容框架		
	了解理财手账中数据的意义		
	了解理财手账的作用		
我对理财手账的了解程度如何（多选）	知道理财手账的记录方法		
	知道理财手账有多种记录媒介		
	知道理财手账的个性化元素		
交流分享（单选）	资料准备充分，积极分享交流		
	认真准备资料，能与别人分享但不够积极		
	查找过资料，等待别人提问后分享交流		
	缺乏资料，等待别人分享交流		

任务1 学生互评表

评价对象：_____

评价维度	具体内容	评价标准 （1～5）
理财手账相关知识的收集	知晓理财手账	
	对理财手账内容框架的了解程度	
	对理财手账的记录方法的了解程度	
	对理财手账功能的了解程度	

（续表）

评价维度	具体内容	评价标准（1～5）
分享交流	积极收集相关资料	
	积极分享自己的想法与成果	
	积极参与任务设计	
	愿意倾听他人的想法与建议	

任务 2～7 活动评价表

评价维度	评价内容	评价标准	评价方式/工具
有理数的相关知识	1. 知道有理数的意义，掌握有理数的分类 2. 掌握有理数加法运算法则和运算律 3. 掌握有理数减法运算法则 4. 掌握有理数乘法运算法则和运算律 5. 掌握有理数除法运算法则 6. 知道乘方运算，能正确指出底数、指数、幂，掌握有理数乘方运算法则 7. 掌握有理数混合运算顺序和运算律	☆☆☆☆☆	课堂练习 作业反馈 自评 教师评价
运算能力	1. 运算结果准确 2. 运用有理数的运算律进行简便运算 3. 会使用计算器进行有理数的运算	☆☆☆☆☆	课堂练习 作业反馈 自评 教师评价
模型观念	1. 根据实际情境，选择适当的有理数进行表示 2. 在实际问题中，对运算结果作出合理解释 3. 具备从现实问题中抽象出数学问题的能力	☆☆☆☆☆	自评 教师评价
资料收集	1. 积极主动收集理财手账的相关资料，具有多样性与完备性 2. 收集并学习银行借贷中的常用金融术语	☆☆☆☆☆	互评 教师评价
数据整理	1. 准确统计理财手账中的收支、结余等数据 2. 按消费类型、支付方式等多个角度进行分类统计 3. 绘制统计图表，直观清晰、数据准确 4. 利用信息技术和软件进行数据整理、绘制图表	☆☆☆☆☆	互评 教师评价

评价维度	评价内容	评价标准	评价方式/工具
应用创新	1. 清晰直观地反映自己的理财习惯 2. 切实依据个人情况，找到合理的优化方案 3. 主动分享交流，尊重他人意见 4. 反思自己的不足，汲取他人优点，不断改进	☆☆☆☆☆	互评 教师评价
作品阐述	1. 阐述理财手账的条理清晰度 2. 阐述理财手账的语言流畅度	☆☆☆☆☆	互评 教师评价

任务 2～7 学生自评表

评价维度	具体内容	打"√"	改进措施
我对有理数及其计算有哪些问题（多选）	没有问题		
	不能准确进行有理数的分类		
	有理数加法运算错误率高		
	有理数减法运算错误率高		
	有理数乘法运算错误率高		
	有理数除法运算错误率高		
	有理数乘方运算错误率高		
	有理数混合运算顺序易混淆		
	去括号运算错误率高		
	不会进行有理数的简便运算		
	使用计算器有困难		
理财手账的设计与制作（多选）	积极参与理财手账的设计制作，并认真记录每天的收支		
	虽想法不够多，但认真记录理财手账		
	不能及时记录理财手账，出现数据错误或者遗漏		
	积极绘制理财手账，并提出改进意见		
	能听取他人意见，优化自己的理财手账		

（续表）

评价维度	具体内容	打"√"	改进措施
理财手账的设计与制作（多选）	能利用信息技术和软件进行数据处理		
	能利用信息技术和软件绘制手账		
	没有参与任务		

任务 2～7 学生互评表

评价对象：_____

评价维度	具体内容	得分（1～5）
资料收集	积极收集理财手账的相关资料	
	收集并学习银行借贷中常用的金融术语	
	能与同学主动分享相关资料	
数据整理	准确统计理财手账中的收支、结余等数据	
	从多个维度进行数据的分类统计	
	使用统计图表，直观清晰地反映数据关系及变化	
应用创新	能清晰直观地反映自己的理财习惯	
	依据个人情况，找到合理的优化方案	
	能反思自己的不足，听取他人意见，不断改进	
作品阐述	能够流畅地表述理财手账中各数据的意义	
	能够准确地表述个人理财中存在的问题	
	能够清楚地阐述今后理财的改进措施	

"我的'理财手账'"项目的成果评价表

评价对象：_____

评价维度	评价标准			自评	互评	教师评价
	初级 C	良好 B	优秀 A			
1. 理财手账的准确性	理财手账中数据缺失，出现前后矛盾现象	理财手账中数据准确，但有部分缺失，基本保持前后一致	理财手账中数据准确完整，保持前后一致			

评价维度	评价标准			自评	互评	教师评价
	初级 C	良好 B	优秀 A			
1. 理财手账的准确性	对理财手账中的数据从单一维度进行分类整理	对理财手账中的数据从两个维度进行分类整理	对理财手账中的数据从两个以上维度进行分类整理			
	无法准确地对理财手账中的数据进行分类，统计结果中存在明显错误	较准确地对理财手账中的数据进行分类整理，统计结果较正确，但仍有错误	准确地对理财手账中的数据进行分类整理，统计结果正确			
	使用一个统计图或表进行数据整理	使用两个统计图表进行数据整理	使用两个以上统计图表进行数据整理			
2. 理财手账的美观性	理财手账没有重点，内容单一，版面杂乱	理财手账排版简洁，浅显易懂，主题不突出	理财手账主题鲜明，结构清晰，内容丰富			
	缺乏对理财手账的美化	对理财手账进行了美化，较有美感	理财手账的美化别具匠心，让人印象深刻			
	不能利用计算机、网络、软件中某个工具辅助制作理财手账	能利用计算机、网络、软件中某个工具辅助制作理财手账	利用计算机、网络、软件等多个工具辅助制作理财手账			
3. 理财手账的实用性	对理财手账的数据分析单一，无法全面真实地反映消费习惯	对理财手账的数据分析较客观全面，能真实反映一些消费习惯	对理财手账的数据分析客观全面，能真实反映消费习惯			
	能提出改进方案，但缺乏一定的操作性	提出的改进方案具有针对性和可操作性	提出的改进方案具有针对性，操作性强			
	理财手账中缺乏家庭理财元素	理财手账能反映出一些家庭理财元素	理财手账体现家庭理财元素，理解、感恩父母的养育			

（续表）

评价维度	评价标准			自评	互评	教师评价
	初级 C	良好 B	优秀 A			
4. 汇报人的语言表达情况	汇报人的语言表达断断续续，不流畅	汇报人的语言表达相对流畅，但有些啰唆	汇报人的语言表达简洁、清楚、流畅			
	汇报人思路不清晰，内容单一	汇报人思路相对清晰，内容相对简单	汇报人思路十分清晰，内容十分完整			

七、 项目实施建议

（一）课本单元内容

本项目所对应的单元是沪教版《数学》六年级第二学期第五章《有理数》，一般建议课时安排为 15 课时，即"5.1 有理数的意义"1 课时，"5.2 数轴"1 课时，"5.3 绝对值"2 课时，"5.4 有理数的加法"2 课时，"5.5 有理数的减法"1 课时，"5.6 有理数的乘法"2 课时，"5.7 有理数的除法"1 课时，"5.8 有理数的乘方"1 课时，"5.9 有理数的混合运算"2 课时，"5.10 科学记数法"1 课时，"本章小结"1 课时。

（二）基于项目化学习的单元内容

教学单元	沪教版《数学》六年级第二学期第五章《有理数》
总课时数	14 课时
具体课时规划	项目任务/教学内容
1	任务 1
2	新授课：数轴 通过解决实际问题的活动，体会引入数轴的必要性和数轴广泛的应用性，理解数轴的意义，能在数轴上表示出任意一个有理数，并理解任何一个有理数都可以在数轴上表示出来
3	新授课：绝对值 通过解决实际问题的活动，体会引入绝对值的必要性和绝对值广泛的应用性，理解绝对值的意义，利用绝对值能够比较任意两个有理数的大小关系

（续表）

具体课时规划	项目任务/教学内容
4	任务 2
5	任务 3
6	习题课 　　本课时以有理数加减运算为主要教学内容，通过实践演算，熟练运用有理数加减法法则，提高运算正确率；掌握多个有理数的加减混合运算，并能利用运算律进行简便运算
7	任务 4
8	任务 5
9	任务 6
10	任务 7
11	习题课 　　本课时以有理数混合运算为主要教学内容，通过实践演算，熟练运用有理数各运算法则，特别是不同运算中符号法则的类比区分，提高运算正确率；掌握有理数混合运算的运算顺序，并能利用运算律进行简便运算
12	新授课：科学记数法 　　通过身边熟悉的事物，体会大数，了解科学记数法的意义，能够用科学记数法表示大数，感受数学符号的简洁美
13	复习课 　　对单元进行复习小结，理解有理数的意义与分类，以及数轴、绝对值、相反数、倒数等概念，能比较两个有理数的大小关系；从原来的正数范围扩展到有理数范围，通过迁移类比，掌握有理数加、减、乘、除、乘方的运算法则以及运算律和混合运算顺序；通过学生优秀作业与错题展示、错因归类等，归纳注意事项、尝试简便运算，提高运算正确率和熟练度
14	任务 8

说明与建议：

1. 在入项课时，教师需给出项目成果要求，学生在明确项目任务后，确定理财手账的内容框架并进行记录；通过探究课，让学生从多个角度对自己的理财手账进行分类整理与分析，逐步发现、探索理财手账的功能；在出项课中，分享制作的理财手账、优化后续消费方案，从准确性、美观性、实用性、语言表达等角度进行成果评价，培养学生用数学的眼光观察世界的能力，发展分析问题、解决问题的良好思维品质。理财手账中不会出现绝对值、数轴和大数（上万、亿）概念，故利用新授课进行补充完善；单元中包括五种运算方法、法则、运算律及其混合运算，故利用习题课对其进行归纳整理、实践演练，加强学生的运算能力。

2. 理财手账中的数据有限，如缺乏分数的运算、多个负数的乘除等，可以先完成项目任务中涉及的知识内容，通过两节习题课分别穿插在项目课程中，对数学本体知识进行补充加深，在实践演算中加强学生的运算能力。

3. 为了将乘方运算融入此项目，借助了银行的等额本息还款法概念，由于其专业性强、数据复杂，与学生的实际生活有一定距离，教师可直接给出对应的还款公式，并让学生借助计算器进行运算。

开幕式表演方阵策划

一、 项目简介

    2022 年的北京冬季奥运会开幕式是一场数字科技与美学创新的大融合，给人留下了深刻的印象，其中包括多样的表演方阵，每个表演方阵中多变的队形都离不开设计师们的灵感创意与表演者们的辛苦排练。本项目以"为班级策划学校运动会开幕式表演方阵"为主线，开展《平面直角坐标系》单元的学习。目标是：知道平面内的点与坐标之间的一一对应关系，可以在直角坐标平面内用点的坐标变化来刻画点的运动，会求平行于坐标轴的直线上两点的距离；掌握平移前后的对应两点、关于坐标轴对称的两点、关于原点对称的两点的坐标关系。经历"确定初始站位→设计表演队形→明确队形走位→汇报策划方案"的项目过程，完成学校运动会开幕式表演方阵的策划方案。以"开幕式表演方阵策划"项目为载体，增强学生的模型观念，形成几何直观，提高抽象能力，培养和发展数学应用意识及创新意识。

二、 项目成果

最终成果：学校运动会开幕式表演方阵策划方案

成果说明：

学校每年的运动会开幕式上都会有运动员入场式。在这个环节中，每个中队都需要在主席台前进行3～5分钟的队列表演。本项目引导学生在表演场地上建立简易的平面直角坐标系，结合本单元的平面直角坐标系的知识，把表演过程中不同的队"形"转化为更容易理解、辨识的"数"对位置，便于每个表演人员明白自己的站位。

策划方案中需要至少包含初始站位、整个表演中进行的不同队形设计及队形含义，不同队形之间每位队员的走位方案，以及在不同队形下的表演内容。

三、 项目目标

1. 在确定个人初始站位的过程中，经历建立平面直角坐标系的过程，知道平面内的点与坐标之间的一一对应关系，会用代数形式表示垂直于坐标轴的直线，增强模型观念，发展应用意识。

2. 在设计队形及对应表演内容的过程中，掌握关于坐标轴对称的两点、关于原点对称的两点的坐标关系，形成几何直观，感受数学之美。

3. 在队形变化中明确个人的移动走位，知道用点的坐标变化来刻画点的运动，会求平行于坐标轴的直线上两点的距离；掌握平移前后的对应两点的坐标关系，运用数形结合的数学思想解决问题，提高直观想象和推理能力。

4. 经历"准备—建构—应用"的实践过程，进行队形设计方案的逐步优化迭代，强化模型观念，加强小组成员的合作协调能力，进行实践创新以及发展语言表达能力。

四、 项目规划

阶段任务	核心知识与素养	阶段成果
任务 1：确定初始站位	有序数对 平面直角坐标系的认识 模型观念、应用意识	初始队形及站位
任务 2：设计表演队形	坐标平面内的象限 关于坐标轴对称的两点、关于原点对称的两点的坐标关系 几何直观	不同队形的设计 （意义与站位）
任务 3：明确队形走位	会用代数形式表示垂直于坐标轴的直线 平移前后的对应两点的坐标关系 会求平行于坐标轴的直线上两点的距离 几何直观、空间观念、推理能力	队形变化走位移动方案（表格形式）
任务 4：汇报策划方案	实践创新、合作协调、语言表达、质疑反思	完整的开幕式表演方阵策划方案

五、 项目核心活动

活动实践	学生活动	教师组织
任务 1	入项活动 1. 观看 2022 年北京冬奥会开幕式并截选片段，了解方阵表演包含的必要元素，比如音乐、队形、走位、道具等 2. 思考如何精准描述队列中的站位 3. 尝试在表演场地中建立平面直角坐标系后，根据点的坐标确定站位。反之，根据指定站位确定对应的点坐标	1. 截选开幕式片段，查阅相关背景资料 2. 引导学生思考队列与平面直角坐标系之间的关联 3. 讲解平面直角坐标系的相关概念，加深学生对"点的坐标"与"点的位置"间——对应关系的理解
任务 2-1	探究活动 1. 在表演人数较多时，我们需要将整个队列进行划分，分区域训练，可以对应到平面坐标，探究不同象限点的坐标特征	1. 在学生回答问题的过程中，引导学生观察、归纳满足条件的点的特征，关注出现的问题，把握教

活动实践	学生活动	教师组织
任务2-1	2. 如下图，利用前一课时学生设计的初始队形，选取轴对称图形，观察不同对称点的坐标之间的特点并进行归纳 （表格：学生编号　坐标）	学契机，突破教学重点和难点 2. 认真聆听学生的谈论和交流，并对学生的想法及时给予肯定和表扬
任务2-2	探究活动 1. 如下图，利用前一课时学生设计的初始队形，选取中心对称图形，观察不同对称点的坐标之间的特点并进行归纳 2. 小组交流：设计一个具有对称性又有意义的表演队形 	
任务3	探究活动 1. 展示队形设计的阶段成果 2. 探究队形变换中的移动距离 　例：为了保证队形移动时的整齐度，我们规定学生在位置变换时的移动速度一致，并且只能沿着平行于 x 轴或 y 轴的方向移动. 如何根据移动前后的坐标确定距离？在下表中进行记录. （表格：同学序号　移动前位置　移动后位置　移动距离）	1. 帮助学生抽象出队形变换这个实际问题中的数学模型，引导学生将"节省队伍移动时间"转化为"减少学生移动距离"。这样，在明确了两个探究前提后，就能自然过渡到点在经过上下左右平移后的坐标变化以及根据平移后的前后左右计算移动距离 2. 在小组讨论、规划省时的移动方案时，注意把控学生讨论的时间，帮助协调小组工作，并指导学生

（续表）

活动实践	学生活动	教师组织
任务 3	3. 请为每一次的队形变换规划出最省时的移动路线	进行方案执行的可行性复查 3. 设计项目成果评价表
任务 4	出项活动 1. 各组分享、交流方阵策划方案 2. 反思项目，完成评价	1. 提前完成小组抽签工作 2. 完成项目成果评价表 3. 最后对整个项目进行总结

六、 项目评价方案

任务 1 活动评价表

评价维度	评价内容	评价标准	评价方式/工具
模型建立	1. 理解队列站位与平面直角坐标系之间的关系 2. 将队列站位用平面直角坐标系的坐标进行表示	☆☆☆☆☆	自评
知识理解	理解平面直角坐标系、有序实数对的概念	☆☆☆☆☆	课堂练习
合作交流	与小组其他成员互相交流练习"点的位置"与"点的坐标"之间的转化	☆☆☆☆☆	自评 互评

任务 2 活动评价表

评价维度	评价内容	评价标准	评价方式/工具
知识理解	1. 理解坐标平面内的象限的概念 2. 理解关于坐标轴对称的两点、关于原点对称的两点的坐标关系	☆☆☆☆☆	课堂练习 作业反馈
应用能力	能够利用对称性设计队形，并表示出相关站位的点坐标，理解对称点间的关系	☆☆☆☆☆	自评 教师评价
合作交流	与小组其他成员交流沟通队形设计想法	☆☆☆☆☆	自评 互评

任务 3 活动评价表

评价维度	评价内容	评价标准	评价方式/工具
知识理解	1. 会用代数形式表示垂直于坐标轴的直线 2. 理解平行于 x 轴或 y 轴的直线上的坐标的特点 3. 会求平行于坐标轴的直线上两点的距离	☆☆☆☆☆	课堂练习 作业反馈
应用能力	能够利用所学知识确定队形移动方案	☆☆☆☆☆	自评 教师评价
合作交流	与小组其他成员交流沟通队形设计想法	☆☆☆☆☆	自评 互评

任务 1～3 学生自评表

评价维度	具体内容	打"√"	改进措施
我对表演方阵策划的了解程度（多选）	了解方阵策划需要设计队形		
	了解方阵策划需要确定站位		
	了解方阵策划需要明确走位		
	了解方阵策划需要确定表演时间		
	了解方阵策划需要确定表演音乐		
	了解方阵策划需要确定表演内容		
我对平面直角坐标系相关内容的应用程度了解情况（多选）	能够找到参照物建立平面直角坐标系		
	能够写出初始队列中站位对应的坐标		
	能够写出不同队形中站位对应的坐标		
	能够找到最优移动方案，利用点的坐标确定队员的移动路线		
小组合作性（单选）	主动组织、主持小组交流		
	积极参与小组交流		
	在小组交流中只有被问到才发言		
	在小组交流中完全不参与发言		

任务 1～3 学生互评表

评价对象：_____

评价维度	具体内容	得分（1～5）
对表演方阵策划方案的了解	对表演方阵策划方案的了解程度	
	对表演队形设计理念的了解程度	
	对队形变化移动要求的了解程度	
合作交流	积极完成自己的任务	
	积极主动参与策划方案的设计讨论	
	积极主动与小组其他成员分享自己的想法	
	愿意倾听小组其他成员的建议	
	愿意帮助小组其他成员共同完成小组任务	
作品阐述	理解小组设计表演方案的整个流程	
	能够流畅地表述小组方案中各环节的设计理念	
	能够阐述清楚小组设计的方案中的亮点	

"开幕式表演方阵策划"项目的成果评价表

评价对象：_____

评价维度	评价标准			自评	互评	教师评价
	初级 C	良好 B	优秀 A			
1. 方案的全面性	方案中只包含了老师明确要求的内容	除了规定内容外，还包含了一些其他内容，但还不是非常全面	方案中包含了整个表演的时长、音乐、队形设计理念、队形移动方案、表演形式、所需道具等内容			
2. 方案的合理性	① 选取音乐合适 ② 设计 2～3 个队形 ③ 表演内容符合运动会主题（只满足 1 个）	① 选取音乐合适 ② 设计 2～3 个队形 ③ 表演内容符合运动会主题（满足 2 个）	① 选取音乐合适 ② 设计 2～3 个队形 ③ 表演内容符合运动会主题（3 个都满足）			
	队形设计所含寓意单一且浅显	队形设计所含寓意有层次，但略显浅显	队形设计所含寓意丰富，并且立意深刻			

（续表）

评价 维度	评价标准			自评	互评	教师评价
	初级 C	良好 B	优秀 A			
3. 方案的准确性	站位坐标准确，走位路线会发生碰撞	站位坐标准确，走位路线不会发生碰撞，但是用时不算最短	站位坐标准确，走位路线用时短，不会发生碰撞			
4. 汇报人的语言表达情况	汇报人的语言表达断断续续，不流畅	汇报人的语言表达相对流畅，但有些啰唆	汇报人的语言表达简洁、清楚、流畅			
	汇报人思路不清晰，设计方案描述不够完整	汇报人思路相对清晰，可以简单地描述设计方案	汇报人思路十分清晰，能十分完整地描述设计方案			

七、项目实施建议

（一）课本单元内容

本项目所对应的单元是沪教版《数学》七年级第二学期第十五章《平面直角坐标系》，一般建议课时安排为 6 课时，即 "15.1 平面直角坐标系" 共 2 课时，"15.2 平面直角坐标平面内点的运动" 共 3 课时，"本章小结" 1 课时。

（二）基于项目化学习的单元内容

教学单元	沪教版《数学》七年级第二学期第十五章《平面直角坐标系》
总课时数	6
具体课时规划	项目任务/教学内容
1	任务 1
2	任务 2-1
3	任务 2-2
4	任务 3
5	任务 4

（续表）

具体课时规划	项目任务/教学内容
6	单元习题课 　　本课时以书后练习与练习册中的题目引入，夯实本单元中平面直角坐标系及直角坐标平面内点的运动的相关内容，帮助学生系统理解单元知识，并且以题组变式形式帮助学生进一步掌握点的运动及点的对称性等相关知识

说明与建议：

1. 由于本单元的项目内容的特殊性，在项目中学生接触到的坐标都是整数，虽然不影响知识点的理解，但在进行相关计算时相对片面。项目内容没涉及书中通过计算平行于 x 轴或 y 轴的两个点坐标之间的距离，进一步计算图形面积这一类题型，因此增设了单独的单元习题课，对项目中缺失的题型与不够全面的数据进行内容补充。

2. 任务 2-2 中不仅有象限等内容，还涉及两点关于坐标轴、原点对称的内容，是教材"15.2（3）直角坐标平面内点的运动"的内容，项目设计中打乱了教材单元顺序。这是因为按照设计表演内容的逻辑，应该是在确定了有几个不同队形后再设计不同队形之间的移动路线，而在设计队形时便不可避免地涉及对称图形。所以与教材相比，把关于坐标轴对称的两点、关于原点对称的内容放到了点的平移内容前面。

3. 任务 3 的确定移动路线活动中，学生需要能够根据移动指令确定移动后的站位坐标，更需要根据前后两个不同站位的坐标，制定平移方案并对其进行描述。同时，由于需要考虑到不同队员在移动时不能发生碰撞，又需要考虑到尽快完成队形变化，需要确定更快的队形移动方案，这部分内容需要学生的全面考虑，对学生要求较高。课堂上，教师应控制好时间，如果有需要，可以先由老师利用动画演示不同方案之间的区别来帮助学生思考。

家庭用电小主人

——调研家庭用电并设计合理用电的方案

上海市大同初级中学　潘莉菁　高东浩

一、项目简介

水电燃气费用是日常生活中不可缺少的缴费内容，国家也制定了相应的收费标准，三类标准都是阶梯式的，每一个阶梯都有详细的说明。本项目以"家庭用电小主人——调研家庭用电并设计合理用电的方案"为主线，开展《一次函数》单元的学习。目标是：在项目推进的过程中，理解一次函数的概念；会画一次函数的图像；掌握一次函数的性质；掌握一次函数与一元一次方程、一元一次不等式的联系；掌握坐标平面内直线的平移与一次函数 $y = kx + b$ 中的截距 b 之间的关系；应用一次函数的模型解决简单的实际问题。经历"建立数学关系模型→分析函数规律→计算并规划家庭用电→分享成果"的项目过程，完成家庭用电的调研报告以及家庭合理用电的方案设计。

以本项目为载体，形成初步的抽象能力和模型观念，增强几何直观，发展数学应用意识。在指导学生收集复杂的数据、建立数学关系模型及绘制函数图像的过程中，可以进一步融合学校信息化项目"基于学习分析的教学研究"中墨水屏的使用，增强学生的信息技术素养。

二、 项目成果

最终成果：家庭用电的调研报告以及家庭合理用电的方案
成果说明：

在本项目中，学生作为家庭用电小主人，收集近两年家庭用电数据，展开计算与分析，形成家庭用电的调研报告，并结合调研所得数据进一步设计家庭合理用电的方案。

调研报告需要包含根据家庭用电数据建立的一次函数模型，画出相应的一次函数的图像和由上述结果对家庭用电情况展开的一系列分析。家庭合理用电的方案设计可以从峰谷时段不同的电价、用电量的控制等角度展开论述。

三、 项目目标

1. 了解上海市居民销售电价表中用电量与电费的关系，理解一次函数的概念，会判断两个变量之间的关系是否为一次函数关系，理解用函数表达变化关系的实际意义，形成初步的抽象能力和模型观念。

2. 在探究电费与用电量之间函数规律的过程中，会画一次函数的图像，并借助图像理解一次函数的性质。

3. 经历计算并规划家庭用电的活动过程，理解一元一次方程、一元一次不等式与一次函数之间的内在联系，发展函数思想，增强几何直观，发展应用意识。

4. 通过小组分享家庭用电的调研报告及合理用电的方案，感受函数与生活的密切联系，在合作协调中培养应用意识和语言表达能力。

四、 项目规划

阶段任务	核心知识与素养	阶段成果
任务1：认识用电量与电费的关系	一次函数的概念 抽象能力、模型观念	家庭电费与用电量的函数解析式
任务2：探究电费与用电量函数关系的规律	一次函数的图像、一次函数的性质 抽象能力、模型观念、几何直观、应用意识	家庭电费与用电量的函数的图像、性质分析
任务3：计算并规划家庭用电	一元一次方程、一元一次不等式与一次函数之间的内在联系 抽象能力、几何直观、应用意识	家庭用电的调研报告以及家庭合理用电的方案
任务4：小组分享家庭用电的调研报告及家庭合理用电的方案	语言表达、质疑反思	思维导图以及项目活动评价表

五、 项目核心活动

活动实践	学生活动	教师组织
任务1-1	入项活动 1. 交流家庭电费账单情况 2. 介绍上海市电费的收费标准	1. 组织学生收集 2021 年、2022 年的电费账单，查阅相关背景资料 2. 对学生的交流分享适当提问、评价、归纳
任务1-2	探究活动 通过对照电费的收费标准进一步解读家庭电费账单数据，建立电费与用电量之间的数量关系	1. 准备学习单 2. 引导学生建立电费与用电量之间的数量关系 3. 讲解一次函数的相关概念
任务2-1	探究活动 1. 探究电费与用电量之间的一次函数与正比例函数的联系与区别，绘制电费与用电量之间函数的图像 2. 观察分析上述函数图像，确定 k、b 符号，总结一次函数 $y = kx + b$（$k > 0$）图像的特征	1. 准备学习单 2. 对学生的回答进行评价与引导，师生共同总结一次函数 $y = kx + b$（$k > 0$）图像的特征 3. 指导学生正确绘制图像 4. 绘图过程中，引导学生掌握截距等相关概念

（续表）

活动实践	学生活动	教师组织
任务 2-2	探究活动 1. 交流分享上节课后作业其他生活问题中 $y=kx+b$（$k<0$）的探究成果，并列举实例加强理解，归纳一次函数图像的特征及 k、b 不同符号下的函数性质 2. 探究电费与用电量之间不同阶梯函数图像倾斜程度不同的决定因素	1. 对学生的回答进行评价与引导，总结一次函数的图像特征和性质 2. 关注学生小组讨论的进展，随时解答小组困惑 3. 把控学生小组讨论的时间，帮助协调小组工作
任务 3	探究活动 1. 结合电费与用电量之间函数的图像，通过描述具体的点的横、纵坐标及其含义，探究一次函数与一元一次方程之间的关系 2. 根据电费限制条件计算用电量范围，探究一次函数与一元一次不等式之间的关系 3. 分析国家制定的电费阶梯计价的用意，形成分段研究思想，讨论家庭合理用电的方案	1. 准备学习单 2. 指导学生结合图像探究一次函数与一元一次方程、一元一次不等式之间的关系 3. 关注学生小组讨论的进展，适时给予指导
任务 4	出项活动 1. 分享家庭用电的调研报告及家庭合理用电的方案 2. 反思项目，创作思维导图，完成评价	1. 对学生的成果分享进行适时评价 2. 总结项目，指导学生创作思维导图

六、 项目评价方案

任务 1 活动评价表

评价维度	评价内容	评价标准	评价方式/工具
资料收集	家庭电费账单、上海市电费收费标准相关资料收集的真实性、多样性与完备性	☆☆☆☆☆	自评 互评

（续表）

评价维度	评价内容	评价标准	评价方式/工具
模型建立	1. 能根据数据建立用电量与电费之间的数学关系模型 2. 懂得用电量与电费之间是一次函数关系	☆☆☆☆☆	自评
知识理解	理解一次函数的概念	☆☆☆☆☆	课堂练习
合作交流	分享交流收集的电费账单、上海市电费收费标准相关资料的积极性与主动性	☆☆☆☆☆	互评 教师评价

任务 1 学生自评表

评价维度	具体内容	打"✓"	改进措施
我对家庭用电的了解程度（多选）	非常了解		
	对到哪里查电费账单不太了解		
	对电费账单数据不太会分析		
	对上海市电费收费标准不太了解		
	对用电量与电费的数学关系不太了解		
	都不了解		
我对一次函数概念的了解程度（单选）	相关概念完全了解		
	对一次函数的概念不太了解		
	对一次函数与生活实际的关系不太了解		
	完全不了解		
组队积极性（单选）	积极参与分组活动		
	主动组队，但不够积极		
	等待其他人邀请		
	等别人组完队之后，剩下人员自行组成一队		

任务 1 学生互评表

评价对象：＿＿＿＿＿＿＿

评价维度	具体内容	得分（1～5）
家庭电费账单、上海市电费收费标准相关知识	对到哪里查电费账单的了解程度	
	对电费账单数据分析的了解程度	
	对上海市电费收费标准的了解程度	
	对用电量与电费的数学关系的了解程度	
小组合作	积极参与分组活动	
	积极收集相关资料	
	积极与小组其他成员分享自己的想法	
	积极参与任务设计	
	愿意倾听小组其他成员的建议	

任务 2 活动评价表

评价维度	评价内容	评价标准	评价方式/工具
一次函数相关知识	1. 会画一次函数的图像 2. 懂得一次函数图像的特征 3. 掌握一次函数的性质	☆☆☆☆☆	课堂练习 作业反馈
几何直观	1. 通过解析式、列表、图像理解一次函数的图像及其特征 2. 通过观察一次函数的图像理解一次函数的性质	☆☆☆☆☆	自评
任务分配	合理分配适合小组成员的任务	☆☆☆☆☆	互评
合作交流	1. 与小组其他成员交流一次函数图像的特征的积极性与主动性 2. 与小组其他成员交流一次函数的性质的积极性与主动性	☆☆☆☆☆	互评 教师评价

任务 2 学生自评表

评价维度	具体内容	打"√"	改进措施
我对一次函数的图像及特征的了解程度（多选）	都能理解		
	不太理解一次函数图像的形状如何确定		

（续表）

评价维度	具体内容	打"✓"	改进措施
我对一次函数的图像及特征有哪些问题（多选）	理解但不能熟练地绘制一次函数的图像		
	不能熟练地绘制实际问题背景下一次函数的图像		
	理解一次函数由正比例函数图像平移及其与 b 的关系，但不能熟练掌握平行直线表达式之间的关系		
	都不理解且不能熟练地绘制图像		
我对一次函数的性质的了解程度（多选）	都能理解		
	不太理解一次函数的性质		
	不太理解一次函数的图像经过哪些象限		
	理解但不能熟练掌握一次函数的图像经过哪些象限		
	不太理解直线与 x 轴正方向的倾斜程度和 k 之间的关系		
	理解但不能熟练掌握直线与 x 轴正方向的倾斜程度和 k 之间的关系		
	都不理解		

任务 3 活动评价表

评价维度	评价内容	评价标准	评价方式/工具
一次函数与一元一次方程、一元一次不等式之间的关系的相关知识	1. 理解一次函数与一元一次方程之间的关系 2. 理解一次函数与一元一次不等式之间的关系	☆☆☆☆☆	课堂练习 作业反馈
应用能力	应用一次函数与一元一次方程之间的关系解决实际问题	☆☆☆☆☆	自评 教师评价

评价维度	评价内容	评价标准	评价方式/工具
合作交流	1. 与小组其他成员交流不同情况下用电量应该控制在什么范围的积极性与主动性 2. 与小组其他成员交流一次函数与一元一次方程、一元一次不等式之间的关系的积极性与主动性 3. 与小组其他成员交流国家制定电费阶梯计价的用意的积极性与主动性 4. 与小组其他成员交流日常生活中如何合理用电的积极性与主动性	☆☆☆☆☆	互评 教师评价

任务 3 学生自评表

评价维度	具体内容	打"✓"	改进措施
我对一次函数与一元一次方程之间的关系的了解程度（多选）	都能理解		
	理解但不能熟练应用于实际问题		
	不理解		
我对一次函数与一元一次不等式之间的关系的了解程度（多选）	都能理解		
	对根据图像归纳一次函数与一元一次不等式之间的关系不太理解		
	理解但不能熟练应用于实际问题		
	不理解		

任务 2、3 学生互评表

评价对象：_____

评价维度	具体内容	得分（1~5）
任务分配	积极参与任务分配	
	对自己的优势的了解程度	
	对小组其他成员的优势的了解程度	
	对小组分配的任务的接受程度	

（续表）

评价维度	具体内容	得分（1～5）
合作交流	积极完成自己的任务	
	积极主动参与讨论	
	积极主动与小组其他成员分享自己的想法	
	愿意倾听小组其他成员的建议	
	愿意帮助小组其他成员共同完成小组任务	

"家庭用电小主人"项目的成果评价表

评价对象：＿＿＿＿＿＿＿

评价维度	评价标准			自评	互评	教师评价
	初级 C	良好 B	优秀 A			
1. 一次函数相关知识的运用	调研报告中没有写出自己家庭电费与用电量之间的函数解析式	调研报告中仅写出了自己家庭电费与用电量之间的函数解析式，无求解过程	调研报告中详细求出了自己家庭电费与用电量之间的函数解析式及定义域			
	调研报告中没有画出或画错自己家庭电费与用电量之间函数的图像	调研报告中画出了自己家庭电费与用电量之间函数的图像，但有一定误差	调研报告中准确画出了自己家庭电费与用电量之间函数的图像，并根据图像进行了分析			
2. 用电方案的合理性	设计的方案有漏洞，不太能正常实施	设计的方案相对可行，有一定的实际操作性，适合部分家庭	设计的方案切实可行，实际操作性强，适合所有家庭			
3. 用电方案和汇报方式的创新性	设计的方案和汇报方式都比较普通	设计的方案普通，但汇报方式有一定的亮点	设计的方案和汇报方式都有一定的亮点，令人耳目一新			

（续表）

评价维度	评价标准			自评	互评	教师评价
	初级 C	良好 B	优秀 A			
4. 汇报人的语言表达能力	汇报人的语言表达断断续续，不流畅	汇报人的语言表达相对流畅，但有些啰唆	汇报人的语言表达简洁、清楚、流畅			
	汇报人思路不清晰，设计方案描述不够完整	汇报人思路相对清晰，可以简单地描述设计方案	汇报人思路十分清晰，十分完整地描述设计方案			

七、 项目实施建议

（一）课本单元内容

本项目所对应的单元是沪教版《数学》八年级第二学期第二十章《一次函数》，一般建议课时安排为 9 课时，即"20.1 一次函数的概念"1 课时，"20.2 一次函数的图像"3 课时，"20.3 一次函数的性质"2 课时，"20.4 一次函数的应用"2 课时，"本章小结"1 课时。

（二）基于项目化学习的单元内容

教学单元	沪教版《数学》八年级第二学期第二十章《一次函数》
总课时数	10 课时
具体课时规划	项目任务/教学内容
1	任务 1-1、任务 1-2
2	新授课：一次函数的概念 　　本节课以一次函数、常值函数的概念和由已知条件确定一次函数解析式为主要教学内容，会辨析两个变量之间的关系是否为一次函数，理解一次函数与正比例函数、常值函数的关系，掌握待定系数法求一次函数的解析式
3	任务 2-1

（续表）

具体课时规划	项目任务/教学内容
4	新授课：一次函数的图像（2） 　　本节课以研究两条平行直线的表达式之间的关系为主要教学内容，通过作图观察，能运用平行关系确定直线的表达式
5	任务 2-2
6	习题课：一次函数的性质（2） 　　本节课以利用一次函数性质解决简单问题为主要教学内容，根据性质确定 k、b 的值，掌握利用一次函数的性质解决问题
7	任务 3
8	新授课：一次函数的应用 　　本节课以实际问题中一次函数的应用为主要教学内容，确定其他实际问题的一次函数解析式及定义域，运用一次函数的知识分析和解决问题，掌握通过建立函数模型做出预测与决策
9	任务 4
10	单元复习课 　　本节课以复习一次函数的概念、图像、性质和一次函数的实际应用问题为主要教学内容，学生需要厘清一次函数的单元脉络，熟练掌握一次函数各知识点，学会研究函数的基本方法

说明与建议：

1. 第 1 课时为项目导引课，以学生分析家庭电费账单的数据、建立用电量与电费之间的数学关系模型、了解一次函数的概念为主，对于常值函数相关概念及待定系数法求一次函数的解析式未有涉及，故在第 2 课时以新授课的方式补充这一内容。

2. 项目实施中，要完成的项目任务与单元教学内容不完全匹配，学生知识点的连贯学习和练习不充分，故以新授课或习题课形式补充第 4、6、8 课时以解决此问题，达到项目化学习与单元教学的有机整合。

3. 第 7 课时任务 3 对应教材"20.2（3）一次函数的图像"第 3 课时，项目中将该课时放到一次函数的性质的后面进行教学，与教材顺序不同。从项目内容方面来说，此处任务 3 是基于电费与用电量问题情境来开展的，而后可以自然过渡到学生讨论电费阶梯计价用意、合理用电方案的活动，服务于后一节项目成果课，衔接流畅。而从单元教学方面来说，将性质提前讲授，后将一次函数图像与方程或不等式构建联系，形成归纳总结，这些作为一课时安排也恰好。

4. 实际生活中电价是正的，故第 3 课时主要研究在 $k>0$ 的情况下一次函数的图像，$k<0$ 的情况另设置其他生活情境以课后作业形式供学生探究，以发挥学生的主观能动性，在第 5 课时将 $k>0$ 和 $k<0$ 两种情况合并总结。

5. 根据上海市销售电价表的说明，用电量跨阶梯时会采取特殊收费方式，因此项目实施过程中，如果根据用电量超出第一阶梯家庭的用电数据去绘制图像，则阶梯与阶梯之间函数的图像是断开的；实际生活中，我们使用的电量不一定是整数，但国家在计费时用电量都取成整数，而为了项目研究，我们仍需要默认每个阶梯函数的图像是连续不间断的。学生用描点法在具体绘图操作时，教师可引导其取比较接近的点来达到连续的理想状态。

美图修修
——校园照片美化

上海市格致初级中学　孔忆琳

一、项目简介

四年转瞬即逝，初三学生即将毕业。校园处处都充满着学生的回忆和故事。因此，学校特意邀请学生们作为小小摄影师，拍摄校园照片。在日常生活中，人们拍照时通常会把主要景物置于接近画面的黄金分割点处，即约在画面的三分之一处，令照片主体突出、画面和谐。本项目以"拍出一张或一系列有构图美的校园照片"为主线，在学生已学习线段的黄金分割点的基础上，进一步开展平面的黄金分割点的探究，知道黄金分割的相关知识，了解用尺规作线段黄金分割点的方法。经历"初识构图→制作模板→拍摄照片→设计优化→成果展示"的项目过程，拍出一张或一系列有构图美的校园照片。以"美图修修——校园照片美化"微项目为载体，发展学生的抽象能力、模型观念和数学应用意识。在指导学生制作模板、验证构图和设计优化的过程中，可以进一步融合数学几何作图软件的使用，如 GeoGebra、几何画板等，增强学生的信息技术素养。

二、 项目成果

最终成果：一张或一系列有构图美的校园照片

成果说明：

在生活中，我们时常会用相机或者手机记录下美好时刻。在本项目中，这一真实问题抽象为数学问题，学生解决的问题是运用黄金分割进行构图，拍出一张或一系列有构图美的校园照片。

成果展示需要包括一张或一系列有构图美的校园照片，以及对照片的构图分析。照片的构图分析至少包括照片的构图模板与所运用的数学知识两方面。

三、 项目目标

1. 在认识、交流美图的过程中，知道黄金分割的意义，初步会用尺规作线段的黄金分割点，自制"黄金分割构图"模板，发展抽象能力和模型观念，加深对线段黄金分割相关知识的理解，感受用数学的眼光看世界。

2. 经历拍摄照片、验证构图、设计优化的过程，发展抽象能力和模型观念，提高解决实际问题和运用信息技术的能力。

3. 在小组合作、交流展示美化校园照片的过程中，加强合作与创新意识，提高数学语言表达的能力。

四、 项目规划

阶段任务	核心知识与素养	阶段成果
任务 1：初识构图，制作模板	了解黄金分割的意义，掌握用尺规作线段黄金分割点的方法 抽象能力、语言表达、模型观念	"黄金分割构图"模板

（续表）

阶段任务	核心知识与素养	阶段成果
任务 2：操作实践，设计优化	运用黄金分割的原理，借助数学几何动态软件自制模板，拍照并美化校园照片 合作协调、实践创新、信息技术素养	初版照片、美化后的校园照片
任务 3：汇报交流，展示评价	合作协调、语言表达	一张或一系列有构图美的校园照片、汇报 PPT

五、项目核心活动

活动实践	学生活动	教师组织	驱动性问题
任务 1-1	入项活动：聚焦照片的构图 明确核心任务：设计一张或一系列有构图美的校园照片	从拍照这一真实情境出发，引导学生思考如何拍一张具有构图美的照片，并引出构图这一要素	问题 1：照片的视觉效果受哪些因素的影响？
任务 1-2	交流讨论：观察照片的构图 学生观察教师事先拍摄或收集的两组照片，每组照片主体相同，但主体在照片中所处的位置不同。感受照片中主体的位置对拍摄效果的影响，并在 Excel 表格中直接投票，尝试从数量的角度分析该类照片的构图规律，归纳有构图美的照片的评价标准	组织学生观察两组照片，并分组投票选出主体最突出、画面最和谐的照片	问题 2：为了达到最佳的视觉效果，拍摄主体在照片中哪个位置更为合适？
任务 1-3	资料卡片：拓展照片构图的相关知识 学生观看视频，分组分享古今人们对构图的认识和各组在观看视频后对构图的认识	播放视频，拓展历史。简单回溯数学史与艺术史的相关内容，感受古人的智慧和对构图美的认识，从而启发本节课的后续探究	问题 3：历史上，如何认识照片构图？

（续表）

活动实践	学生活动	教师组织	驱动性问题
任务 1-4	实践探究：探究用尺规作线段的黄金分割点 学生小组合作，从黄金数 $\dfrac{\sqrt{5}-1}{2}$ 出发，思考如何用尺规作线段的垂直平分线以及如何构造 $\sqrt{5}$，进而确定作图方案	问题 4 和 5 有难度，教师可根据学情适当点拨	问题 4：如何找到画中的黄金分割点？ 问题 5：如何用尺规作线段的黄金分割点？
任务 1-5	实践活动：自制"黄金分割构图"模板 学生小组合作，在硫酸纸上自制"黄金分割构图"模板，要求能快速确定照片中黄金分割点的位置	新定义矩形的黄金分割点，运用 GeoGebra 软件演示照片的黄金分割点	问题 6：如何用尺规作平面的黄金分割点并制作工具？
任务 2-1	实践活动：拍摄校园照片 分组在校园中拍摄值得留念的校园照片	关注各组拍摄情况，帮助协调小组工作，随时回答学生的提问	问题 7：你会选择拍摄校园中哪个值得留念的角落？拍摄主体是什么？
任务 2-2	实践活动：美化校园照片 分组运用黄金分割的原理、借助数学几何动态软件自制模板，迭代优化，美化校园照片	提供信息技术和拓展资源的支持，随时回答学生的提问，并协助各小组收集更多的照片素材和理论资料，提示构造其他的构图方式，如对称构图、对角线构图等，作为展示的其他亮点	问题 8：对于不同尺寸和不同大小的照片以及电子照片，如何制作通用的模板？
任务 3	出项活动 学生参与照片成果分享会，分组展示。各小组反思项目成果，完成自评与互评	1. 提前完成小组抽签工作 2. 指导学生根据任务 2 的阶段成果，设计最终的成果设计项目评价表 3. 指导学生完成评价表，最后对整个项目进行总结	

六、项目评价方案

任务1活动评价表

评价维度	评价内容	评价标准	评价方式/工具
知识理解	1. 知道黄金分割的相关知识 2. 会用尺规作线段的黄金分割点	☆☆☆☆☆	课堂练习 教师评价
抽象思维	会用黄金分割的知识分析照片的构图	☆☆☆☆☆	自评
模型建立	1. 理解拍摄主体最佳位置与黄金分割之间的关系，理论理解与实践操作到位 2. 自制"黄金分割构图"模板，制作科学合理	☆☆☆☆☆	自评
合作交流	1. 与小组其他成员分享交流用尺规作线段黄金分割点的方法 2. 与小组其他成员共同制作"黄金分割构图"模板，合作与沟通顺畅	☆☆☆☆☆	互评 教师评价

任务1学生自评表

评价维度	具体内容	打"√"	改进措施
我对黄金分割相关知识的了解程度（单选）	对相关知识完全了解		
	对黄金分割这一知识点不太了解		
	对黄金分割这一知识点与生活实际的关系不太了解		
	完全不了解		
我对用尺规作线段黄金分割点的方法的了解程度（多选）	对相关方法完全了解		
	了解用尺规作线段的垂直平分线的方法		
	了解用尺规构造直角三角形作$\sqrt{5}$的方法		
	对用尺规作线段黄金分割点的方法不太了解		
	完全不了解		

（续表）

评价维度	具体内容	打"√"	改进措施
组队积极性（单选）	积极参与分组活动		
	主动组队，但不够积极		
	等待其他人邀请		
	等他人组完之后，剩下人员自行组成一队		

任务 1 学生互评表

评价对象：_____

评价维度	具体内容	得分（1～5）
自制"黄金分割构图"模板	正确自制"黄金分割构图"模板，制作科学合理	
	对黄金分割的了解程度	
	对尺规作图的了解程度	
小组合作	积极参与分组活动	
	积极分析相关资料	
	积极与小组其他成员分享自己的想法	
	积极参与动手实践	
	愿意倾听其他小组成员的建议	

任务 2、3 活动评价表

评价维度	评价内容	评价标准	评价方式/工具
抽象思维	会用黄金分割的知识分析照片的构图	☆☆☆☆☆	互评
模型建立	借助数学几何动态软件自制"黄金分割构图"模板	☆☆☆☆☆	互评 教师评价
任务分配	合理分配适合小组其他成员的任务	☆☆☆☆☆	互评 教师评价
迭代优化	与小组其他成员设计优化照片构图，照片美化效果好	☆☆☆☆☆	互评 教师评价
合作交流	1. 与小组其他成员合作拍摄照片的积极性与主动性 2. 与小组其他成员交流分析照片构图的积极性与主动性	☆☆☆☆☆	互评 教师评价

任务2、3学生自评表

评价维度	具体内容	打"√"	改进措施
我对运用自制"黄金分割构图"模板验证照片构图有哪些问题（单选）	没有问题		
	会用数学几何动态软件自制"黄金分割构图"模板，便于验证不同尺寸照片的构图		
	会自制一个固定尺寸的"黄金分割构图"模板，但不便于验证不同尺寸照片的构图		
	不能自制"黄金分割构图"模板验证照片构图		
	都不理解		
迭代优化（多选）	积极参与照片的设计优化，提出改进的想法		
	积极参与其他构图的资料收集，如对称构图、对角线构图等，作为展示的其他亮点		
	虽想法不够多，但积极参与其他任务		
	提出了想法，但想法不够合理		
	积极参与设计优化后的照片构图再验证，并分析构图		
	没有改进意见，但积极配合小组的其他安排		
	能流畅地阐述小组照片设计优化的过程		
	没有参与小组任务		

任务2、3学生互评表

评价对象：＿＿＿＿＿＿＿

评价维度	具体内容	得分（1～5）
任务分配	积极参与任务分配	
	对自己的优势的了解程度	
	对小组其他成员的优势的了解程度	
	对小组分配的任务的接受程度	

（续表）

评价维度	具体内容	得分（1~5）
迭代优化	再验证设计优化后的照片构图的积极性	
	校园照片的构图有很大改善	
	校园照片的构图有其他亮点，如对称构图、对角线构图等	
	校园照片的拍摄主体更加突出	
	校园照片的整体画面更加和谐	
合作交流	积极完成自己的任务	
	积极主动参与拍摄照片	
	积极主动参与照片设计优化的讨论	
	愿意倾听小组其他成员的建议	
	愿意帮助小组其他成员共同完成小组任务	
作品阐述	能有逻辑地分析照片构图	
	能够流畅地阐述小组照片设计优化的过程	
	能够阐述清楚小组的照片成果的亮点	

“美图修修——校园照片美化”项目的成果评价表

评价对象：＿＿＿＿＿＿

评价维度	评价标准			自评	互评	教师评价
	初级 C	良好 B	优秀 A			
1. 照片构图的美观性	照片主体不突出，画面不和谐	照片主体较突出，画面较和谐	照片主体突出，画面和谐			
2. 照片构图与模板的匹配度	照片构图与模板不匹配	照片构图与模板较匹配	照片构图与模板匹配			
3. 照片美化过程的创新性	没有照片美化的过程	照片美化比较有创新性	照片美化有创新性，让人眼前一亮			

（续表）

评价维度	评价标准			自评	互评	教师评价
	初级 C	良好 B	优秀 A			
4. 汇报人的语言表达能力	汇报人的语言表达断断续续，不流畅	汇报人的语言表达相对流畅，但有些啰唆	汇报人的语言表达简洁、清楚、流畅			
	汇报人思路不清晰，构图及所用知识描述不够完整	汇报人思路相对清晰，可以简单地描述构图及所用知识	汇报人思路十分清晰，能十分完整地描述构图及所用知识			

七、 项目实施建议

（一）课本单元内容

本项目所对应的单元内容是沪教版《数学》九年级第一学期第二十四章《相似三角形》的单元活动课，一般建议课堂教学为 1 课时，对应任务 1，课后作业对应任务 2，成果展示 1 课时对应任务 3。

（二）基于项目化学习的单元内容

本微项目是在学习了九年级第一学期第二十四章《相似三角形》后所开展的单元活动课，以复习黄金分割知识为主，结合实际背景加以运用和巩固，因此是在完成了"24.2 比例线段"一课后展开。

本单元在融入项目化学习后，由于需要完成微项目的任务，教师首先要设计解决问题的任务链和问题链，再基于学生的认知水平与可获取的资源和工具推进实施，在课堂中或在课后再现解决问题的具体过程。在达成任务的同时，进一步深度理解和应用黄金分割相关知识。

在任务 1-4 和任务 1-5 中，学生用尺规作线段的黄金分割点及自制"黄金分割构图"模板时，要注重学生动手操作，理解尺规作图依据的原理和方法。由于作图对学生来说具有一定的挑战性，需发挥教师的引导作用。教师以问题链的形式激发学生思考，以阅读教材、视频讲解、个别点拨等方式帮助学生掌握作图方法。同时，注重信息技术的赋能，可以利用数学几何软件，如GeoGebra、几何画板等提供直观演示，增强几何直观。

在课后实践探究中，要充分发挥学生的主体作用，并要强调小组合作精神、创新意识的培养。教师在任务完成过程中需要适时指导学生。

在成果展示课上，各组既是听众也是讲述者，所以要鼓励学生积极互动，充分交流。教师可提前提示学生关注的问题，如：各组校园照片的亮点是什么？照片构图分析是否有数学依据？遇到了什么问题？如何解决问题？并在各组分享交流之后预留适当的问答环节。

在项目评价时，教师需指导学生从个人的科学探究方法、数学美育意识、艺术欣赏与设计能力、沟通与合作素养等方面进行反思。

小小科学家

——弹簧测力计的制作

上海市尚文中学　　任雨婕

一、 项目简介

　　17 世纪，胡克通过对弹簧性质的反复研究，归纳出了胡克定律，而后牛顿又根据这一定律发明了弹簧测力计，利用弹簧测力计可以实现对多种方向的力的测量，为力学发展提供了有力的工具支持。本项目以"弹簧测力计的制作"为主线，开展《一次函数》单元的学习，希望学生在数学课堂中回溯历史，化身小小科学家，在教师的引导下了解胡克定律、重历弹簧测力计的发明过程。通过本项目的学习，帮助学生理解一次函数的相关概念、学会判断一次函数关系、了解一次函数的图像及其特征与性质、初步掌握通过建立函数模型作出预测与决策的基本方法。经历"弹簧特性实验探究→胡克定律理论学习→测力计初步设计→测力计实际制作→测力计使用试验→设计方案修改→测力计再制作"的项目过程，完成简易弹簧测力计的设计方案归总及实物制作，发展学生数学抽象、逻辑推理及数学建模的能力，培养学生的科学精神。在指导学生利用实验数据进行绘图的过程中，可以融合数学作图软件的使用，增强学生的信息技术应用能力。

二、 项目成果

最终成果：简易弹簧测力计的设计报告、简易弹簧测力计

成果说明：

弹簧测力计的发明对力学的发展有着至关重要的作用。在本项目中，学生需要在了解弹簧特性、掌握规律的基础上，综合运用数学、物理的知识，完成弹簧测力计的设计方案，并在不断试验、修改的过程中，完成简易弹簧测力计的制作。

设计报告中需包含弹簧测力计的设计原理及各部件设计说明。设计说明中应包含弹簧测力计的设计图纸及其绘制比例尺说明，各组成部分的详细说明，弹簧测力计的具体量程、单位、刻度及其说明。设计原理中应对所运用的数学知识作详细说明，并简单说明涉及的物理规律。最后制作完成的简易弹簧测力计应标有清晰的刻度、单位及量程，且具备"测量力的大小"的实际功能。

三、 项目目标

1. 通过对弹簧物理特性的探究，形成一次函数的概念，理解一次函数与正比例函数的关系。

2. 在理解描述弹簧特性的胡克定律的过程中，学会用描点法画一次函数的图像，了解一次函数图像的特点，理解直线截距的意义，体会数形结合的数学思想。

3. 经历弹簧测力计的设计过程，体验一次函数知识的应用，能根据实际问题确定一次函数解析式及其定义域，掌握待定系数法，培养模型观念与应用意识。

4. 经历弹簧测力计的制作与说明过程，综合应用数学与物理的知识，初步掌握通过建立函数模型作出预测与决策的基本方法，在小组合作中加强协作能力，发展数学语言表达能力。

四、 项目规划

阶段任务	核心知识与素养	阶段成果
任务 1：弹簧物理特性探究	一次函数的概念、一次函数与正比例函数的关系 抽象能力、模型观念	弹簧测力原理初步说明稿
任务 2：胡克定律理论学习及适用范围探究	学会用描点法画一次函数的图像、了解一次函数图像的特点、落实定义域 科学精神、学会学习	原理适用范围补充 完善弹簧测力计原理说明稿
任务 3：简易弹簧测力计的初步设计	一次函数知识的应用、待定系数法 模型观念、运算能力、应用意识	简易弹簧测力计初步设计方案
任务 4：简易弹簧测力计的制作与试验	一次函数知识的综合应用 实践创新、合作协调、应用意识	简易弹簧测力计
任务 5：简易弹簧测力计成品展示及说明	语言表达、质疑反思	项目活动评价表

五、 项目核心活动

活动实践	学生活动	教师组织	驱动性问题
任务 1-1	入项活动 1. 讨论对弹簧测力计及"弹簧"特性的已有认知 2. 猜测影响弹簧拉力大小的因素 3. 确定影响弹簧拉力大小的因素——弹簧形变量、弹簧长度	1. 引导学生调动已有的关于"弹簧测力计"的了解及其他常识，完成猜测 2. 通过简单演示实验，确定影响弹簧拉力大小的因素为弹簧形变量或弹簧长度，为后续实验确定方向	1. 请猜测，影响弹簧拉力大小的因素是什么？ 2. 如何验证某个因素确实会影响弹簧拉力大小？ 3. 弹簧形变量和弹簧长度是独立变化的两个量吗？
任务 1-2	探究活动 1. 确定初步探究方向——探究弹簧拉力大小与弹簧形变量之间的关系 2. 通过测量，得到同一弹簧不同形变量下产生的拉力大小，形成数据记录表格	1. 组织学生以小组为单位，完成多次测量，记录弹簧不同形变量下产生的拉力大小 2. 在学生实验过程中，适时指导，纠正不正确的测量操作，减少实验的随机误差	1. 如何测量弹簧拉力大小？ 2. 如何测量弹簧形变量的大小？ 3. 如何设计数据记录表格？

活动实践	学生活动	教师组织	驱动性问题
任务 1-3	探究活动 1. 处理实验数据，观察不同的弹簧拉力与相应形变量之间的比值关系，得到弹簧拉力与其形变量之间的正比例函数关系 2. 思考弹簧拉力与弹簧长度之间存在着怎样的关系 3. 处理函数关系式，完成变形，得到弹簧拉力与弹簧长度之间的函数关系式 4. 形成一次函数的概念，理解一次函数与正比例函数的关系	1. 引导学生完成数据处理，简单解释误差来源，推得弹簧拉力与其形变量之间的正比例函数关系 2. 提出问题：弹簧拉力与弹簧长度之间存在怎样的关系？回答任务 1-1 中学生的猜想 3. 提出问题：是否能通过等式变形得到弹簧拉力与弹簧长度之间的函数关系？ 4. 与学生一起归纳一次函数概念，阐述一次函数与正比例函数的关系 5. 简单介绍弹簧测力计的原理核心—— 胡克定律，并初步得到既定弹簧的胡克定律表达式	1. 经过实验及数据处理，弹簧拉力与弹簧长度之间存在怎样的关系？ 2. 能否通过推导得到弹簧拉力与弹簧长度之间的关系？是怎样的关系？
任务 2	探究活动 1. 测试给定弹簧的拉力极值，绘制一次函数图像 2. 形成一次函数定义域的概念，为既定弹簧的胡克定律表达式补充定义域，获得完整表达式	1. 提出思考：胡克定律表达式是否有适用范围？组织测试给定弹簧的拉力极值，绘制一次函数图像 2. 归纳一次函数定义域的概念，获得完整表达式	1. 随着弹簧不断拉伸，弹簧拉力和弹簧长度之间总是保持着这样的规律吗？ 2. 上述实验得到的表达式是否有适用范围？ 3. 适用范围对应的数学概念是什么？
任务 3	探究活动 1. 小组讨论并总结简易弹簧测力计的设计原理，形成书面报告 2. 小组讨论并得到简易弹簧测力计的详细设计说明	1. 指导学生讨论，把关简易弹簧测力计的设计原理书写，适时指导解惑 2. 参与各小组讨论，为学生的设计方案提供方向与指导	1. 弹簧测力计的物理原理是什么？其数学原理是什么？ 2. 弹簧测力计需要哪些组成部分？这些组成部分的功能和制作要求分别是什么？

（续表）

活动实践	学生活动	教师组织	驱动性问题
任务4-1	出项活动 1. 选定弹簧，通过测试与计算得到其弹性函数，初步完成简易弹簧测力计的设计方案 2. 根据设计方案，完成简易弹簧测力计的初步制作	1. 从记录的实验数据出发，落实待定系数法求一次函数的方法及格式要求 2. 关注学生的知识掌握与应用情况，适时纠错、解惑 3. 把控学生设计作品的时间，帮助协调小组工作	1. 如何得到选定弹簧的弹性函数？定义域如何选择？ 2. 选定的函数定义域会对简易弹簧测力计的制作有什么影响？
任务4-2	出项活动 1. 完成简易弹簧测力计的实用性测试 2. 根据测试结果，总结问题，修改设计方案 3. 得到简易弹簧测力计的最终设计报告 4. 根据最终设计报告，得到简易弹簧测力计的成品	1. 指导学生完成实用性测试 2. 帮助协调小组工作	1. 所设计的简易弹簧测力计能够测量多大的力？ 2. 所制作的简易弹簧测力计是否能准确测量出力的大小？ 3. 所制作的简易弹簧测力计的使用注意事项有哪些？
任务5	出项活动 1. 简易弹簧测力计展示会 2. 反思项目，完成评价	1. 设计项目评价表 2. 指导学生完成互评、自评表 3. 完成项目评价表 4. 完成项目总结	

六、项目评价方案

任务1活动评价表

评价维度	评价内容	评价标准	评价方式/工具
协作能力	1. 积极参与小组合作，完成探究弹簧拉力与弹簧伸长量之间关系的实验数据记录 2. 与小组其他成员积极沟通，协调实验操作方法	☆☆☆☆☆	互评

（续表）

评价维度	评价内容	评价标准	评价方式/工具
科学精神	1. 明晰操作实验的具体步骤 2. 能有条理地完成探究弹簧拉力与其伸长量之间关系的操作实验 3. 能发现操作过程中的问题并及时解决	☆☆☆☆☆	互评
模型建立	1. 理解弹簧拉力与弹簧伸长量之间的正比例函数关系 2. 能从弹簧拉力与其伸长量之间的正比例函数关系推导得到弹簧拉力与弹簧长度之间的一次函数关系	☆☆☆☆☆	实验报告反馈 自评
知识理解	1. 形成一次函数的概念 2. 理解一次函数与正比例函数的关系	☆☆☆☆☆	自评、课堂练习 作业反馈
任务分配	合理分配适合小组各成员的任务	☆☆☆☆☆	互评

任务 1 学生自评表

评价维度	具体内容	打"√"	改进措施
我对弹簧拉力与弹簧伸长量之间关系的理解（可多选）	弹簧拉力与弹簧伸长量有关		
	弹簧伸长量越大，弹簧所能提供的拉力越大		
	弹簧拉力与弹簧伸长量的比值为定值		
	弹簧拉力与弹簧伸长量成正比例关系		
	不理解，认为两者没有关系		
我对弹簧拉力与弹簧长度之间关系的理解（单选）	无法理解弹簧拉力与弹簧长度之间的函数关系式		
	不理解，只是简单识记，弹簧拉力与弹簧长度之间成一次函数关系		
	能推出弹簧拉力与弹簧长度之间的函数关系式，但不理解一次函数的意义		
	能推出弹簧拉力与弹簧长度之间的函数关系式，且能理解一次函数的意义		
	能推出弹簧拉力与弹簧长度之间的函数关系式，理解一次函数的意义，且能说出一次函数与正比例函数的关系		

任务1 学生互评表

评价对象：＿＿＿＿＿＿＿

评价维度	具体内容	得分（1～5）
任务分配	积极参与任务分配	
	对自己的优势的了解程度	
	对小组其他成员的优势的了解程度	
	对小组分配的任务的接受程度	
协作能力	认真完成自己的任务	
	积极主动与小组其他成员分享自己的想法	
	愿意倾听小组其他成员的建议	
	愿意帮助小组其他成员共同完成小组任务	
科学精神	理解操作实验的具体步骤	
	能顺利地完成操作实验	
	能发现小组在实验操作过程中出现的易引起随机误差的问题	
	能找到修正问题操作的方法	

任务2 活动评价表

评价维度	评价内容	评价标准	评价方式/工具
学会学习	1. 观察给定弹簧的弹性函数图像，能发现函数表达的不完整性 2. 能通过讨论得到完善函数表达的方案	☆☆☆☆☆	实验报告反馈 互评
知识理解	1. 能根据已定的一次函数表达式，用描点法正确绘制图像 2. 了解一次函数图像特点 3. 理解直线截距的意义 4. 理解函数定义域的含义	☆☆☆☆☆	自评 课堂练习 作业反馈
抽象思维	能将实际情境抽象为数学问题，理解定义域的必要性	☆☆☆☆☆	互评

任务 2 学生自评表

评价维度	具体内容	打"√"	改进措施
在作图准备部分，我的掌握程度（单选）	无法根据一次函数表达式得到不同的自变量与函数值		
	能根据一次函数表达式列出表格，且能合理选取不同的自变量的值		
	能根据一次函数表达式列出表格，合理选取不同的自变量的值，且能正确得到相应的各个函数值		
在绘制一次函数图像过程中，我的掌握程度（单选）	无法正确找到所有需描画的点		
	能够正确找到所有需描画的点		
	能够正确找到所有需描画的点，但不能用光滑的曲线（包括直线）将它们连接起来		
	能够正确找到所有需描画的点，且能用光滑的曲线（包括直线）将它们连接起来		
	无法找到函数图像与 x 轴或 y 轴的交点		
	能够正确找到函数图像与 x 轴或 y 轴的交点		
关于截距的概念，我的掌握程度	知道直线与 y 轴的交点的纵坐标叫作这条直线在 y 轴上的截距，即该直线的截距		
	对于给出的任意直线 $y=kx+b$（$k\neq0$），知道该直线与 y 轴的交点坐标是（0，b），但认为该直线的截距也是（0，b）		
	对于给出的任意直线 $y=kx+b$（$k\neq0$），知道该直线与 y 轴的交点坐标是（0，b），知道该直线的截距是 b		
关于一次函数的定义域，我的掌握程度	一次函数的定义域一定是一切实数		
	一次函数的定义域会受真实情境影响		
	根据真实情境得到既定一次函数的定义域后，能够正确得到该函数值的范围		

任务 2 学生互评表

评价对象：＿＿＿＿＿

评价维度	具体内容	打"√"	改进措施
我对弹簧的拉力与其伸长量之间关系的观察思考结果	弹簧的拉力会随着弹簧不断拉伸而不断变大，且总是保持着一样的函数规律		
	质疑弹簧的伸长量是否有限制		
	确定弹簧不可以无限拉伸，弹簧的拉力和弹簧长度之间并不总是保持着一样的函数规律		
我对"弹簧伸长量的限制范围能否量化表示"这一问题的理解	不理解，无法量化表示		
	能够将弹簧伸长量与一次函数中的自变量联系起来		
	能够用一次函数中自变量的取值范围（即定义域）表示弹簧伸长量的限制范围		
	能够利用一次函数定义域进一步求出弹簧拉力的限制范围		

任务 3 活动评价表

评价维度	评价内容	评价标准	评价方式/工具
协作能力	1. 积极参与小组合作，完成简易弹簧测力计的设计原理总结 2. 与小组其他成员积极沟通，协调书面呈现过程	☆☆☆☆☆	互评
科学精神	1. 明晰设计原理各部分的呈现顺序 2. 能根据设计原理，正确、完整地列出弹簧测力计的各组成部分 3. 能根据设计原理清晰地解释弹簧测力计各组成部分的设计过程	☆☆☆☆☆	设计方案反馈 教师评价 学生互评
应用能力	能根据设计原理及一次函数的相关知识，明确在设计、制作过程中需测量、计算的各物理量	☆☆☆☆☆	设计方案反馈 教师评价
任务分配	合理分配适合小组各成员的任务	☆☆☆☆☆	互评

任务3 学生互评表

评价对象：_____

评价维度	具体内容	得分（1～5）
任务分配	1. 积极参与任务分配	
	2. 对自己的优势的了解程度	
	3. 对小组其他成员的优势的了解程度	
	4. 对小组分配的任务的接受程度	
协作能力	1. 认真完成自己的任务	
	2. 积极主动与小组其他成员分享自己的想法	
	3. 愿意倾听小组其他成员的建议	
	4. 愿意帮助小组其他成员共同完成小组任务	
科学精神	1. 能理清设计原理各部分的呈现顺序	
	2. 能完整地列出弹簧测力计的各组成部分	
	3. 能清晰解释弹簧测力计各组成部分的设计原因	
	4. 能在设计原理呈现过程中合理提出质疑	
	5. 面对合理质疑，能积极寻找解决问题的方法	

任务4 活动评价表

评价维度	评价内容	评价标准	评价方式/工具
协作能力	1. 积极参与小组合作，完成简易弹簧测力计的设计方案 2. 与小组其他成员积极协调，不断完善设计方案，形成最终设计报告	☆☆☆☆☆	互评
应用能力	1. 能依据设计原理，通过测量、计算得到给定弹簧的弹性函数 2. 能根据设计原理，为弹性函数赋合理的定义域，并计算得到相应的函数值范围 3. 能根据设计原理及所得数据，完成弹簧测力计的量程设计	☆☆☆☆☆	设计方案反馈自评
知识理解	能根据测量所得的数据，用待定系数法求出给定弹簧的拉力与其长度之间的一次函数关系表达式	☆☆☆☆☆	设计方案反馈自评

评价维度	评价内容	评价标准	评价方式/工具
学会学习	1. 能根据实用性测试结果，发现所制弹簧测力计在设计上的不足 2. 能找到设计不足之处对应的原理性原因 3. 能根据设计原理及实用性测试结果，优化设计方案及实物制作	☆☆☆☆☆	简易弹簧测力计成品反馈 学生互评
任务分配	合理分配适合小组各成员的任务	☆☆☆☆☆	互评

任务 4 学生自评表

评价维度	具体内容	打"✓"	改进措施
在得到给定弹簧弹性函数的过程中，我能够做到哪些（单选）	不知道如何得到给定弹簧的弹性函数		
	能够明确要测量的物理量及组数		
	能够正确测得多组数据，但不知道如何计算得到弹簧的弹性函数		
	能够正确测得多组数据，能运用待定系数法正确求得弹簧的弹性函数表达式，但忽视定义域		
	能够正确测得多组数据，能运用待定系数法正确求得弹簧的弹性函数表达式，能合理赋定义域，且计算出相应的函数值范围		
在应用弹簧弹性函数的过程中，我能够做到哪些（单选）	不知道弹簧的弹性函数与弹簧测力计的设计之间有什么关系		
	知道弹簧的弹性函数是弹簧测力计量程的设计依据		
	能根据弹簧的弹性函数合理设计量程		
我对待定系数法的掌握程度（单选）	不理解		
	能将测得数据代入所设函数表达式，列出二元一次方程组		
	能将测得数据代入所设函数表达式，列出二元一次方程组并正确求解，得到一次函数表达式		
	能得到一次函数表达式，且将测得的其余多组数据代入一次函数表达式，完成检验		

任务 4 学生互评表

评价对象：_____

评价维度	具体内容	得分（1～5）
任务分配	积极参与任务分配	
	对自己的优势的了解程度	
	对小组其他成员的优势的了解程度	
	对小组分配的任务的接受程度	
协作能力	认真完成自己的任务	
	积极主动与小组其他成员分享自己的想法	
	愿意倾听小组其他成员的建议	
	愿意帮助小组其他成员共同完成小组任务	
学会学习	能根据实用性测试结果，发现所制弹簧测力计在设计上的不足	
	提出了不足之处可能对应的原因	
	提出了可能的优化方案	
	对可能的优化方案进行了积极的尝试	
	能总结尝试结果，筛选出合理的优化方案	

"小小科学家——弹簧测力计的制作"项目的成果评价表

评价对象：_____

评价维度	评价标准			自评	互评	教师评价
	初级 C	良好 B	优秀 A			
1. 一次函数相关知识的运用	在设计报告中没有记录选定弹簧的弹性函数	在设计报告中记录了选定弹簧的弹性函数及计算过程，但缺少定义域	在设计报告中记录了选定弹簧的弹性函数及计算过程，具备定义域及相应的函数值范围			
	制作的弹簧测力计没有量程说明	制作的弹簧测力计具有详细的量程说明，但刻度标写错误	制作的弹簧测力计具有详细的量程说明，且刻度标写正确			

评价维度	评价标准			自评	互评	教师评价
	初级 C	良好 B	优秀 A			
2. 弹簧测力计设计报告的完整性与合理性	弹簧测力计的设计报告中有设计方案，但缺乏原理说明	弹簧测力计的设计报告中有设计方案与原理说明，但关联性不强	弹簧测力计的设计报告中有设计方案与原理说明，且关联性强			
	弹簧测力计的设计报告中有各部分设计，但缺乏设计说明	弹簧测力计的设计报告中有各部分设计及相应设计说明，但条理不清晰	弹簧测力计的设计报告中有各部分设计及相应设计说明，且条理清晰、一一对应			
3. 弹簧测力计设计报告语言的准确性	弹簧测力计的设计报告完整，但语言表述混乱，且欠缺前后逻辑	弹簧测力计的设计报告完整，语言表述清晰，但欠缺前后逻辑	弹簧测力计的设计报告完整，语言表述清晰，且前后逻辑性强			
4. 弹簧测力计成品的实用性	成品弹簧测力计无法测出力的大小	成品弹簧测力计可以测出量程内力的大小，但误差大于 20%	成品弹簧测力计可以测出量程内力的大小，且误差小于或等于 20%			
	成品弹簧测力计有量程，但量程不准确	成品弹簧测力计有量程，且量程较准确，但所定量程过小	成品弹簧测力计有量程，量程较准确，且量程范围合理			
5. 汇报人的语言表达能力	汇报人的语言表达断断续续，不流畅	汇报人的语言表达相对流畅，但有些啰唆	汇报人的语言表达简洁、清楚、流畅			
	汇报人思路不清晰，设计报告与成品特性描述得不够完整	汇报人思路相对清晰，可以简单地描述设计报告与成品特性	汇报人思路十分清晰，十分详细，能有条理地描述设计报告与成品特性			

七、 项目实施建议

（一）课本单元内容

本项目所对应的单元是沪教版《数学》八年级第二学期第二十章《一次函数》，一般建议课时安排为 9 课时，即"20.1 一次函数的概念"1 课时，"20.2 一次函数的图像"3 课时，"20.3 一次函数的性质"2 课时，"20.4 一次函数的应用"2 课时，"本章小结"1 课时。

（二）基于项目化学习的单元内容

教学单元	沪教版《数学》八年级第二学期第二十章《一次函数》
总课时数	9
具体课时规划	项目任务/教学内容
1	任务 1
2	任务 2
	新授课 　　本节课以一次函数图像的绘制方法及图像特性学习为主要教学内容，学生需对一次函数图像的绘制方法进行巩固，并在此基础上掌握直线相对于 x 轴正方向的倾斜程度与 k 的关系，了解一次函数图像与正比例函数图像之间的关系，进一步得到两条平行直线的表达式之间的关系，会利用这种关系确定直线的表达式
3	任务 3
4	任务 4
5	任务 5
6	新授课 　　本节课以一元一次方程、一元一次不等式与一次函数之间的关系为主要教学内容，通过观察与比较，学会以函数的观点来进一步认识一元一次方程的解与一元一次不等式的解集，能借助函数知识解决方程与不等式问题

（续表）

具体课时规划	项目任务/教学内容
7	**新授课** 　　本节课以一次函数的性质为主要教学内容，通过讨论与归纳，掌握直线 $y = kx + b$ 中的常数 k 与 b 的正负与直线在坐标平面内的位置之间的联系
8	**新授课** 　　本节课以一次函数的应用为主要教学内容，通过解决实际问题的活动，学习如何根据实际问题中两个变量之间的关系建立一次函数解析式，运用一次函数模型解决各类实际问题，如分段应用、预测与决策类问题等
9	**复习课** 　　本节课以一次函数相关知识要点的综合复习与习题讲解、练习为主要教学内容，对一次函数的相关概念、图像及性质进行巩固，扎实掌握，综合应用，并在解题过程中着重巩固待定系数法的掌握

说明与建议：

1. 本项目在本章节内占用 5 课时，涉及的知识点包括一次函数的基本概念及图像基本特征，重视数学抽象、逻辑思维及数学建模能力的培养，重视过程性学习。

2. 因本项目涉及一次函数概念的形成，故而适合放在单元初始实施，落实一次函数及其相关概念。但本项目主体——弹簧测力计对应的一次函数形式固定，故而无法涵盖一次函数图像多变性的讨论，这部分知识需在项目课时之后以新授课、复习课等形式进行额外补充与落实。同时，本项目也无法覆盖一次函数的其他应用，如分段应用、预测与决策类问题等，故需要补充新授课，丰富应用类型。

3. 在任务 1 中，弹簧的拉力大小是借由弹簧所悬重物所受重力的大小来体现的，这里需要调用到八年级第一学期《物理》（上册）中"3.4 重力　力的合成"与"3.5 二力平衡"的知识，可以在课堂上引导学生简单回顾相应的物理知识，以便后续课程内容开展。

4. 在任务 1-2 中，为了减小实验中由人为引入的随机误差，测量弹簧伸长量时需尽可能使弹簧平行于测量面，可参考八年级第一学期《物理　学习活动卡》中"同一直线上力的合成"这一活动中对于皮筋伸长量的记录方法。

5. 在任务 2 中，考虑到理论模型的完整性，我们要求学生测试给定弹簧的极值，从而落实一次函数定义域，实现函数表达的完整性，但这一步一定会带来两个问题——弹簧的损坏及极值的记录误差。在课堂操作时，可以通过减小实验值的间隔大小，从而尽可能地提高极值的记录准确性。此外，弹簧的损坏不可避免，但要注意，弹簧的损坏在更多时候会表现为无法回弹，即弹簧弹性丧失，所以不能持续加重，而应该在每一次测试过后都取下重物，观察弹簧回弹情况，及时停止实验，避免记录无效数据。关于极值的记录，由于课堂实验条件限制，我们无法记下精准的极值，在这里，我们可以选择近似取值，即记录下弹簧损坏前的最后一组数据作为该弹簧的伸长极值与拉力极值，以此来完成该弹簧所对应的胡克定律一次函数表达式。

6. 在任务 4-1 中，学生需要选定弹簧，并经过测试得到其弹性函数，在这里会涉及定义域的问题，即弹簧拉力极值的选取。为了不影响后续弹簧测力计的制作，这里并不要求学生测定出准确的极值，学生只需要自主确定一个弹簧长度范围，并通过计算得到相应拉力范围，以此作为弹簧测力计的实际量程即可。

小小科学家

——力的合成与分解仪

上海市大同初级中学　高东浩

一、 项目简介

自然界的物体不是孤立存在的，它们之间具有多种多样的相互作用的力。正是由于这些力的相互作用，物体在形状、运动状态等许多方面会发生变化。生活中常常见到这样的事例：在斜面上的一个静止的物体，它的重力、斜面的支持力和摩擦力达到了平衡。物体在一个力的单独作用下与在两个或者更多力的共同作用下效果相同。本项目以"力的合成与分解"为主线，开展《平面向量及其加减运算》单元的学习。理解向量的概念，知道相等向量、相反向量、平行向量、零向量的概念，会利用平行四边形法则画向量的和与差，同时通过平行四边形法则理解向量加减法的三角形法则。经历"力的相关概念的探究→两个力的作用对物体运动状态的改变→力的合成与分解仪的制作"的项目过程，发展学生几何直观、抽象能力、推理能力、模型观念等数学核心素养，学生在科学探究中养成乐学善学、勤于反思的习惯，应用意识和创新意识能够得到培养。

二、 项目成果

最终成果：简易的力的合成与分解仪的设计报告、简易的力的合成与分解仪

成果说明：

　　力的合成与分解仪对力学的研究有着至关重要的作用，在本项目中，学生需要在了解力的相关概念、向量加减法的画法的基础上，综合运用数学、物理的知识，完成力的合成与分解仪的设计方案，并经历合作学习、试验、修改的过程，完成力的合成与分解仪的制作。

　　设计报告中需包含力的合成与分解仪的设计原理、各部件所需的材料和规制、实际测量的数据。其中，设计原理中应对所运用的数学知识及物理知识作详细说明，可用向量的作图直观解释，并简单说明涉及的力学规律。最后制作完成的力的合成与分解仪应标有清晰的刻度，且具备"力的合成与分解"的实际功能。

三、 项目目标

　　1.通过对力的相关概念的探究，形成向量的概念，理解力与向量的关系，掌握向量的相关概念。

　　2.经历力的合成与分解仪的设计过程，体会向量加减法的应用，掌握向量加减法的平行四边形法则。

　　3.通过物理中力的合成与分解的实验，经过观察、记录、建模、归纳等过程，理解感悟向量加减法中蕴含的数学知识，从而培养几何直观、抽象能力、推理能力、模型观念等数学核心素养。

　　4.经历力的合成与分解仪的制作与说明过程，综合应用数学与物理的知识，在小组合作中加强沟通协调能力，培养数学表达能力。

四、 项目规划

阶段任务	核心知识与素养	阶段成果
任务1：制作力的合成与分解仪的前期准备	数量、向量的概念，向量的模以及向量的表示方法，相等向量、相反向量、平行向量、零向量 抽象能力、几何直观、模型观念	力的合成与分解仪的初步说明稿
任务2：力的合成与分解仪的初步设计（同一直线上的两个力）	同向、反向上的两个向量的加法 推理能力、几何直观、模型观念	力的合成与分解仪的初步设计方案
任务3：力的合成与分解仪的制作与试验（不在同一直线上的两个力）	向量加法和减法的平行四边形法则 推理能力、几何直观、模型观念	力的合成与分解仪的制作
任务4：简易力的合成与分解仪成品展示及说明	综合运用各方法进行向量的加法与减法 应用意识、实践创新、语言表达、质疑反思	项目活动评价表

五、 项目核心活动

活动实践	学生活动	教师组织	驱动性问题
任务1	入项活动 查阅并分享生活中常见的带有方向的力 例：体育活动中两个小组的拔河比赛，纤夫拉船	1.引导学生观察生活中常见的带有方向的力，明确数量与向量的区别 2.通过相关的概念，明确力和向量的联系与区别	1.思考：数量和向量有什么区别？ 2.如何表示一个力的大小和方向？ 3.向量的表示方法是怎样的？

活动实践	学生活动	教师组织	驱动性问题
任务1	**探究活动** 利用一个弹簧测力计、一个穿线的木板，观察物体的运动状态 ① 以1牛大小的力水平向右拉动木块 ② 以2牛大小的力水平向右拉动木块 ③ 以2牛大小的力竖直向上拉动木块 说明：同向的两个力作用在物体上，达到的效果是不同的，同样大小、不同方向的力作用也不相同，进一步引导学生学习向量的相关概念	1. 组织学生以小组为单位，完成多次实验，观察木板的运动状态 2. 在学生实验过程中，适时指导，纠正不准确的操作。对实验过程中可能产生误差的不当操作进行指导	1. 如何利用弹簧测力计以1牛、2牛的力来拉动一个物体? 2. 如何观察力对物体的作用?
任务2	**探究活动1** 利用两个弹簧测力计、一块穿线的木板，以2牛大小的力水平向右、以2牛大小的力水平向左，观察物体的运动状态 说明：大小相同、方向相反的两个力作用在同一个物体上，物体的运动状态并没有发生改变，这两个力是作用力和反作用力的关系，进一步学习相关概念	1. 组织学生以小组为单位，完成多次实验，观察木板的运动状态 2. 在学生实验过程中，适时指导，纠正不准确的操作。对实验过程中可能产生误差的不当操作进行指导 3. 明确同一直线上两个向量的加法的表示	同一直线上反向的两个力的加法怎么表示?

（续表）

活动实践	学生活动	教师组织	驱动性问题
任务2	探究活动2 利用三个弹簧测力计、两块穿线的木板，进行如下操作： ① 以两个1牛大小的力，方向水平向右拉动物体； ② 以一个2牛大小的力，方向水平向右拉动物体。 观察上述两次实验的结果 探究活动3 利用三个弹簧测力计、两块穿线的木板，进行如下操作： ① 以一个1牛大小的力，方向水平向右拉动物体； ② 以一个2牛大小的力，方向水平向右，同时以一个1牛大小的力，方向水平向左，拉动物体。 观察上述两次实验的结果 说明：两个力与一个力作用在同一物体上，造成的效果是否一样，这三个力之间有什么关系，进一步学习向量相关概念	1. 组织学生以小组为单位，完成多次实验，观察木板的运动状态 2. 在学生实验过程中，适时指导，纠正不准确的操作。对实验过程中可能产生误差的不当操作进行指导 3. 进一步明确同一直线上几个向量的加法的表示	1. 同一直线上不在同一方向上的几个向量的加法怎么表示？ 2. 力的合成与分解仪需要哪些组成部分？这些部分的功能和制作要求分别是什么？
任务3	探究活动1 以桌面为一个平面，利用两个弹簧测力计，进行如下操作： ① 以1牛大小的力水平向右拉动物体； ② 以1牛大小的力竖直向上拉动物体。 观察实验结果 说明：两个不在同一直线上的力作用在物体上，物体的运动状态得以改变，运动方向与两个力的方向都不相同	1. 组织学生以小组为单位，完成多次实验，观察木板的运动状态 2. 在学生实验过程中，适时指导，纠正不准确的操作。对实验过程中可能产生误差的不当操作进行指导 3. 参加学生讨论，明确不在同一直线上的两个力可以作用在同一物体上	1. 不在同一直线上的两个力能否作用在同一个物体上？ 2. 力的合成与分解仪能否满足任意方向的两个力的合成？又能否将任意方向的一个力分解？

（续表）

活动实践	学生活动	教师组织	驱动性问题
任务3	探究活动2 利用三个弹簧测力计、一块穿线的木板，进行如下操作： ① 以1牛大小的力水平向右； ② 以1牛大小的力竖直向上； ③ 再添加一个力，使木板保持静止。 读取第三个弹簧测力计的数据，观察实验结果 说明：三个不在同一直线上的力作用在物体上，物体的运动状态没有改变，第三个力就是前两个力合成的反作用力。在实验的过程中，这两个力也能采取任意角度，同学们课后能继续实验	1.组织学生以小组为单位，完成多次实验，观察木板的运动状态 2.在学生实验过程中，对不规范或可能产生误差的操作进行指导，引导学生正确读取第三个弹簧测力计的数据 3.参加学生讨论，师生共同归纳平行四边形法则	1.如何画不在同一直线上两个力的加法？ 2.所制作的力的合成与分解仪能否准确进行操作？ 3.所制作的力的合成与分解仪的使用注意事项有哪些？
任务4	出项活动 1.简易力的合成与分解仪展示 2.反思项目，完成评价	1.设计项目评价表 2.指导学生完成互评、自评表 3.完成项目评价表	

六、项目评价方案

任务1活动评价表

评价维度	评价内容	评价标准	评价方式/工具
协作能力	是否明确实验步骤，能否发现同伴间的操作问题	☆☆☆☆☆	自评与互评
知识理解	理解向量及其相关概念	☆☆☆☆☆	课堂练习

任务 1 学生自评表

评价维度	具体内容	打"√"	改进措施
我对数量和向量的区别是否理解（单选）	完全理解		
	基本理解		
	不太理解		
	都不理解		
我对向量的相关概念的理解（单选）	完全理解		
	基本理解		
	不太理解		
	都不理解		
团队积极性（单选）	积极参与活动		
	主动参与活动，但不够积极		
	等待其他人要求再参与活动		
	等别人操作之后直接得到结论		

任务 1 学生互评表

评价对象：_____

评价维度	具体内容	得分（1~5）
实验步骤	精确确定力的大小	
	准确确定力的方向	
	在运动过程中力的大小保持一致	
合作交流	积极主动完成活动	
	积极参与讨论	
	积极主动指出小组其他成员的问题并给出建议	
	愿意倾听小组其他成员的建议	

任务 2 活动评价表

评价维度	评价内容	评价标准	评价方式/工具
向量加法相关知识	同一直线上两个向量加法的表示	☆☆☆☆☆	课堂练习 作业反馈
合作交流	1. 是否认真地参与实验操作 2. 操作的准确性	☆☆☆☆☆	互评 教师评价

任务 2 学生自评表

评价维度	具体内容	打"✓"	改进措施
我对同向的两个向量加法的画法（单选）	没有问题		
	理解但不能熟练地画出		
	不能理解但能熟练地画出		
	不理解且不能画出		
我对反向的两个向量加法的画法（单选）	没有问题		
	理解但不能熟练地画出		
	不能理解但能熟练地画出		
	不理解且不能画出		
团队积极性（单选）	积极参与活动		
	主动参与活动，但不够积极		
	等待小组其他成员要求再参与活动		
	等小组其他成员操作之后直接得到结论		

任务 2 学生互评表

评价对象：＿＿＿＿＿＿

评价维度	具体内容	得分（1～5）
实验步骤	精确确定力的大小	
	准确确定力的方向	
	在运动过程中几个力是在同一直线上	
合作交流	积极主动完成活动	
	积极参与讨论	
	积极主动指出小组其他成员的问题并给出建议	
	愿意倾听小组其他成员的建议	
	愿意帮助小组其他成员共同完成小组活动	

任务 3 活动评价表

评价维度	评价内容	评价标准	评价方式/工具
向量加法相关知识	向量加法和减法的平行四边形法则的应用	☆☆☆☆☆	课堂练习 作业反馈
合作交流	1. 是否认真地参与实验操作 2. 对方法的讨论的积极性	☆☆☆☆☆	互评 教师评价

任务 3 学生自评表

评价维度	具体内容	打"√"	改进措施
我对平行四边形法则的画法（单选）	没有问题		
	理解但不能熟练地画出		
	不能理解但能熟练地画出		
	不理解且不能画出		
团队活动的积极性（单选）	积极参与活动		
	主动参与活动，但不够积极		
	等待小组其他成员要求再参与活动		
	等小组其他成员讨论之后直接得到结论		

任务 3 学生互评表

评价对象：＿＿＿＿＿＿＿

评价维度	具体内容	得分（1～5）
实验步骤	明确活动的步骤	
	准确保持力的方向和大小	
	保证力的合成与分解仪制作和使用的准确性	
合作交流	积极主动完成活动	
	积极参与法则的归纳	
	积极主动指出小组其他成员的问题并给出建议	
	愿意倾听小组其他成员的建议	
	愿意帮助小组其他成员共同完成小组活动	

"力的合成与分解仪"项目的成果评价表

评价对象：_____

评价维度	评价标准			自评	互评	教师评价
	初级 C	良好 B	优秀 A			
1. 向量加法和减法相关知识的运用	力的合成与分解仪只有固定的角度	力的合成与分解仪有一定的角度的限制和刻度	力的合成与分解仪没有角度的限制，有清晰的刻度			
2. 力的合成与分解仪的精确性	力的合成与分解仪的材料较简陋	力的合成与分解仪的材料坚固，有较为精确的刻度	力的合成与分解仪的材料坚固，有精确的刻度			
3. 力的合成与分解仪的合理性	力的合成与分解仪只能完成固定角度的力的合成与分解	力的合成与分解仪可以完成大部分角度的力的合成与分解	力的合成与分解仪可以完成任意角度的力的合成与分解			
4. 力的合成与分解仪的美观性	不同方向的材料的颜色没有区分	不同方向的材料的颜色有区分，有两种颜色	不同方向的材料的颜色有区分，有三种及以上颜色			
5. 汇报人的语言表达能力	汇报人的语言表达不流畅，思路不清晰，设计方案陈述不够完整	汇报人的语言表达相对流畅，思路相对清晰，设计方案陈述较简单	汇报人的语言表达简洁、流畅，设计方案表达清晰			

七、项目实施建议

（一）课本单元内容

本项目所对应的单元是沪教版《数学》八年级第二学期第二十二章《四边形》第四节《平面向量及其加减运算》，一般建议课时安排为 6 课时，即"22.7 平面向量"2 课时，"22.8 平面向量的加法"2 课时，"22.9 平面向量的减法"2 课时。

（二）基于项目化学习的单元内容

教学单元	沪教版《数学》八年级第二学期第二十二章第四节《平面向量及其加减运算》
总课时数	6
具体课时规划	项目任务/教学内容
1	任务 1 任务 2
2	任务 3 新授课 　　本节课以向量的加法的三角形法则及向量加法的运算律为主要教学内容，通过平行四边形法则推导出三角形法则，掌握向量加法的三角形法则，会用作图的方法求任意两个向量的和向量；通过作图、观察、归纳，知道向量的加法满足交换律与结合律，会利用它们进行向量运算；知道零向量的意义以及零向量的特性
3	新授课 　　本节课以向量的减法的三角形法则及相关运算为主要教学内容，通过经历引进向量减法的过程，理解向量减法的意义，知道向量减法是向量加法的逆运算；掌握向量减法的三角形法则，会将向量的减法转化为加法运算进行向量加减混合运算
4	任务 4
5	新授课 　　本节课以多个向量的加法为主要内容，学生需要掌握向量加法的多边形法则，会用多边形法则画出多个向量加法的和向量，以及用加法运算律化简算式
6	复习课 　　本节课以复习向量的概念、利用各种法则画向量的加法和减法为主要教学内容，学生通过练习与作图，掌握向量的加法和减法及相关作图方法，并理解向量的相关概念

说明与建议：

1.本项目涉及全新的数学概念——向量，既有大小又有方向的量，与物理学科中力的合成与分解是非常契合的。本项目立足于实验物理与应用数学，体现了跨学科的思想。利用八年级第一学期已经制作完成的弹簧测力计可以非常顺利地开展研究。本项目在本章节内占用 3 课时，涉及的知识点包括平面向量的概念及平面向量加减法，因为微项目设计的需要，单元教学时重视项目实施中的过程性学习。

2. 本项目涉及向量加法的平行四边形法则，向量加减法的三角形法则以及加法多边形法则的操作无法涉及，故而这部分知识须在单元教学时以新授课形式进行补充。

3. 实施时是以数学项目学习为主，物理实验为辅，因此学生的操作具有一定的理想化，多以直观感受为主，教师在学生实验的过程中要做到语言规范，适时指导，减少误差，纠正不准确的操作，尤其是不在同一直线上的两个力的合成，学生需要反复操作进行观察。

反　思　篇　|

初中数学项目化学习的设计与实施

——基于"因式分解"项目的迭代

上海市尚文中学　　管敏琦

上海市向明初级中学　　陈睿源

【摘要】 以项目化学习为载体，立足沪教版《因式分解》单元，设计与实施"设计和破解密室逃脱密码"和"密码加密设计与解译"两个项目。基于"因式分解"项目的迭代，经历从无到有、从有到精的探究过程，学生兴趣浓厚，经历规则制定、因式分解、设密解码、优化迭代、质疑反思等过程，升级方案，解码更具安全性和唯一性，培养抽象能力、运算能力、创新意识等数学核心素养；教师项目开发与设计、项目反思与改进等专业能力得到进一步提升。

【关键词】 项目化学习；加密解译；因式分解；项目迭代

《义务教育数学课程标准（2022年版）》指出："综合与实践，根据不同学段学生的特点，以跨学科主题学习为主，适当采用主题式学习和项目化学习的方式，设计情境真实、较为复杂的问题，引导学生综合运用数学学科和跨学科的知识解决问题"。这阐明了项目化学习的重要性。随着新教材的使用，项目化学习的地位越来越重要，是今后大势所趋。

在此背景下，笔者作为上海市黄浦区初中数学项目化学习核心组成员，曾参与基于《因式分解》单元的"设计和破解密室逃脱密码"与迭代项目"密码加密设计与解译"的设计与实施。项目化学习的开发与实施，虽是课堂改革方式的创新，但并不一帆风顺。作为第一批"吃螃蟹"的人，探索之路荆棘丛生，参与了第一个项目之后，我们总结设计思路，积累经验，汲取精华，又参与开发了其迭代项目，经历了教师与学生共同从"困惑迷茫"走向"教学相长"的过程，为项目化学习这一新颖的教学方式的进一步探索与创新打下基础。

一、 知识碰撞项目，教学新方式探索

以《因式分解》单元为知识本体，立足有关密码设计与解密的项目化学习新方式，力求将项目化学习与单元教学有机融合，探索课堂教学新方式。

在日常生活中，如取款、上网等都需要解密登录，密码在我们的日常学习和生活中有着广泛的运用。学校文化节需要每个班级将教室布置成一个有主题的活动场所，学生要进行"密室逃脱密码设计与解密"活动。本项目以闯关解密作为主线，开展《因式分解》单元的学习。学生需理解因式分解的意义，掌握因式分解的四种基本方法，即提取公因式法、公式法、十字相乘法、分组分解法，能运用这四种因式分解的方法分解简单的多项式；经历"认识密室逃脱→学习密码设置→设计校园密室→展示校园密室方案"的项目过程，完成学校文化节中密室设计的方案。教师则以"设计和破解密室逃脱密码"项目为载体，增强学生的抽象能力，发展数学应用意识。

为了将设计和破解密码这一事件融入《因式分解》的单元学习，达到项目化学习与本体知识的双融与平衡，教师可指导学生探究一些密钥设计的例子，形式、规则可以多样，贯穿于引导课或者探究课，为学生后续自行设计密钥提供参考。设计的密码可从赋值、因式分解后的项数、系数或者次数等方面编制。

在传统教学中，课堂上往往会无意识地出现知识重于素养的惯性教学行为。就《因式分解》教学内容而言，传统教学中会举例因式分解的不同方法并练习，最后再根据多项式的特征，选择几种适合的因式分解方法巩固操练。指向知识的教学是需要的，这点无可厚非，但是这样会不会把学生教得过于机械？核心素养又如何落地？为了培养学生的核心素养，体现育人价值，于是"设计和破解密室逃脱密码""密码加密设计与解译"等项目应运而生。学生通过参与第一个项目，以设计密钥、分组破解为线索，自主开发一套能进行设密和解密操作的密码系统，及游戏规则、细节、逃脱方案优化升级，培养了他们思维的合理性、有序性、严谨性，以及高阶思维和核心素养。

在项目化学习的过程中，素养优于知识，但本体知识学习同样重要，因此采取项目实施与单元教学融合的新方式。项目化学习中会穿插单元新授课或习题课来训练，强化学生对基础知识的掌握。在项目化学习中间增加 1 课时新授课，掌握多种形式的公因式的提取方法；增加 2 课时习题课，分别为巩固首项不为 1 的十字相乘法，以及夯实四种方法的综合运用，培养学生的运算能力。

二、 经历困惑迷茫，迷雾重重遮望眼

基于上述密码设计与破译原理，以学生核心素养提升为导向，笔者实施了立足《因式分解》单元的项目化学习。在项目引导课中介绍上述密码设计与破译原理，引入密码设计的思路；以新课为例，以设密解码为线索，利用某方法进行因式分解教学；最后开展学生活动，即设计自己的数字密码。

教师抛砖引玉。如：$x^3 + 8x^2 + 15x$ 的初始密码是 181 500，密码设定规则为：多项式从左到右依次的系数，包括常数项，密码设定 6 位，位数不够末尾补 0。因式分解后，该多项式可分解为：$x(x+3)(x+5)$，则解码为 113 150（解码不唯一）。

学生活动：设计一组密码并说明密钥原理。学生可以从赋值、系数、次数、项数多个角度考虑，发挥创造性，从而加深对代数式结构的理解。

（1）小组独立出题，完善密钥设计方案，破解密码；

（2）互相出题，说清规则，试着让其他小组破解密码；

（3）自主小结：相关概念、该方法因式分解的注意事项。

到最终学完四种因式分解的方法，学生尝试设计一套综合性较强、可操作的密码系统。

　　在密码本的设计中，各个小组分别根据前面几节课的密室逃脱经历，设计一套 2 项到 4 项的常见因式分解，让小组设计一套因式分解的密码设计规则，并提供密码本：比如多项式因式分解，密码第一部分字符是每组因式的项数；第二部分字符是因式分解方法的编号（由于运用到的因式分解方法不止一种，该部分编号按步骤中运用方法的先后顺序排序）。密码本：A 提取公因式，B 平方差，C 完全平方，D 十字相乘，E 分组分解。

　　以多项式 $x^2 + 2x - 9y^2 + 6y$ 解码为例：

$$x^2 + 2x - 9y^2 + 6y = (x + 3y)(x - 3y) + 2(x + 3y)$$
$$= (x + 3y)(x - 3y + 2)$$

　　解码：23EBA（解码不唯一）

　　学生能在分解后选择不同方法，从代数式的系数、次数、项数等角度设计密码本，开展闯关逃脱活动，活动效果尚可，但仍存在不足。经过实施和评课，总结了以下几个不足之处：（1）实施过程中知识本身大于项目活动，留给学生的密码设计空间较小，因式分解知识技能的掌握优于素养的培养与提升；（2）项目化学习中的做事与本体知识学习存在"两张皮"现象，只是一头一尾引入了密码设计的情境，在新课教学过程中，项目化学习参与度有待提高，容易回到传统的新课讲授模式；（3）呈现出密码形式单一、解码不唯一、密码不安全等问题，项目的实用性与价值有待提升；（4）小组合作流于形式，小组合作讨论也不够充分，没有达到生生互动、思维碰撞后的预期效果。这些不足督促笔者进行迭代优化。

三、从不足走向迭代，披荆斩棘探前路

　　虽然第一个项目实施中有诸多困惑，但在项目化学习"从无到有"的突破中，也有不少收获。项目团队发现：学生对密码的加密设计与解译产生了浓厚兴趣，有了初步设计思路，大大激发了学习《因式分解》这一单元的热情，为后续的项目化学习奠定了基础。

　　由此，笔者从教师开发设计项目的角度，审视与反思新的密码设计与解

译相关方案，再现数学项目化学习的精彩。经过一学期的沉淀与思考，开发了迭代项目"密码加密设计与解译"。

针对第一个项目中的不足，调整了项目背景：生活中的信息传递过程往往需要文字加密手段从而防止信息在传递过程中被第三方截取，如古典密码学中凯撒密码等。本项目以"密码加密设计与解译"为主线，开展《整式》章节中《因式分解》单元的学习，知道多项式乘法和因式分解在文字加密与解译过程中的运用，掌握几种因式分解方法，会设计一种加密与解译规则并保证解译结果的唯一性。经历"了解密码加密过程→学习解译密码方法→设计解译规则与发布密文"的过程，完成一种文字加密与解译规则的制定。以本项目为载体，利用因式分解相关知识，结合偏移量等概念，制定密码加密与解译方案，确保密码安全性，增强学生的抽象能力、运算能力，发展数学应用意识与创新意识。在指导学生利用因式分解进行加密与解译规则制定的过程中，可以鼓励学生利用 Excel、C 语言、Python 等程序实现，增强学生的信息技术素养。

为提升密码安全性，在引导课中回顾古典密码学发展，设计一种加密方式。贯穿整个探究课过程的就是如何制定一个加密规则保证解译的唯一性。比如如下加密过程：

明文	M	A	T	H
加密偏移量	-2	3	-2	-3
密文	K	D	R	E
解码偏移量	2	-3	2	3
系数码	2	-3	2	3
因式表示	$2x-3$	$2x+3$		

利用所学的多项式的乘法计算 $(2x-3)(2x+3)=4x^2-9$ 得到密钥，把密钥因式分解即 $4x^2-9=(2x-3)(2x+3)$，写下每一个括号多项式的每一个系数，并循环表示得到解码字母偏移量。贯穿整个探究课过程的就是制定一个加密规则以保证解译的唯一性。

在该设计思路引导下，以"用提取公因式法进行密码加密设计与解译"这一课时，举例说明项目化学习方式下的活动设计。

项目化学习新课目标：

(1) 通过复习之前的规则制定即提取公因式规则，以及将得到的系数从小到大排列，把规则补充拓展至定义多个多项式结果如何提取系数，在逐步完善的过程中，发现、分析、解决问题；

(2) 通过上机操作，知道解译密码需要输入正确的偏移量，进一步感受规则制定过程中唯一性的重要性，并在分解密钥的过程中加强计算能力；

(3) 通过提出一组现有规则下存在两种可能系数表达的密钥，在发现问题后思考如何进一步加强系数规则的唯一性，加强数学抽象能力。

"用提取公因式法进行密码加密设计与解译"项目化学习教学表

教学环节	教师活动	学生活动	设计意图
复习	口答下列多项式的公因式： (1) $2ax+4ay$；(2) $4a^3-6a^2$； (3) $4x^2y-12xy^3$；(4) $27a^2bc-9ab^2c+3abc^2$ 总结提取公因式过程：(1) 定系数；(2) 定字母；(3) 定指数	回答	此处设计为口答题，$2ax+4ay=2(ax+2ay)$ 这样的分解情况下系数码也是1、2。所以无法从破解密文结果来分辨学生是否掌握了提取公因式法
规则制定	$a(2x+3y)+b(2x+3y)$ 如何分解？ $a(2x+3y)+b(2x+3y)$ $=(2x+3y)(a+b)$ $a(2x+3y)+b(2x+3y)$ $=(a+b)(2x+3y)$ 这两种结果都可以作为因式分解结果，但是系数码不一样，如何制定一个规则，使得这两种因式分解结果能形成相同的解密偏移量？ 所以我们可以补充一条加密规则：把各个因式的各项系数从小到大排列得到解密偏移量	思考并制定规则 把各个因式的系数进行排序	进一步完善密码设计规则，保证解译密码的唯一性

（续表）

教学环节	教师活动	学生活动	设计意图
规则运用	密文：LVSDMHMZNRIVGTMZB 密钥：$x(a-b)^2-y(b-a)^3$ 解密过程 1： $=x(b-a)^2-y(b-a)^3$ $=(b-a)^2[x-y(b-a)]$ $=(b-a)^2(x-yb+ya)$ 解密过程 2： $=x(a-b)^2+y(a-b)^3$ $=(a-b)^2[x+y(a-b)]$ $=(a-b)^2(x+ya-yb)$ 偏移量为：$-1,-1,1,1,1$ 输入解密程序，得到明文为： KUTENGLAOSHUHUNYA 即为枯藤老树昏鸦（出自《天净沙·秋思》）	进一步了解定义系数的必要性，不仅仅是因为乘法交换律，在写每一个因式的项的顺序的过程中由于加法交换律，项的顺序也会不同	本题有两种分解方式，即 $a-b$ 的两种变化。学生学习两种解题方法，同时也进一步感受到之前规则制定的必要性
解密实践	密文：FT CYN WHDDMFQGNTKZ 密钥：$6(x+y)^2-2(x-y)(x+y)$ 偏移量：$1,1,1,2$ 明文：GUDAOXIFENGSHOUMA 谜底：古道西风瘦马 密钥①：$18b(a-b)^3-12a(b-a)^2$ 密钥②：$9(a-b)(a+b)-3(a-b)^2$ 密钥③：$x(2y-x)^2+2y(2y-x)(x-2y)$ 密钥④：$4x(x-y)^{2n+1}-3y(y-x)^{2n}$ 能力提升：以提取公因式法为线索，自编密钥，进行密码加密设计与解译	师生合作学生练习	密钥①为基础练习 注意提取公因数 密钥②设计点在于结果的再分解 密钥③设计在于预设 $(x-2y)(2y-x)^2$ 这一结果的分析 密钥④设计在于进一步加强 $x-y$ 变化过程中的符号变化
作业		练习册 9.13 项目作业 思考	

学生反馈：

在学习了提取公因式法后，学生根据规则制定与运用，掌握密钥，进行解密实践，经历密码加密设计与解译，项目化学习味浓厚，课堂氛围良好，"自编密钥，进行密码加密设计与解译"活动更是把课堂氛围推向了高潮。

四、 对比改进反思，提升项目设计力

迭代项目"密码加密设计与解译"是基于第一个项目"设计和破解密室逃脱密码"的不足再开发的，笔者将这两个项目在单元教学的课堂中都进行了实施。第二个项目从素养发展性、与单元教学的结合度、密码安全性及实用性、小组合作实效等方面进行改善，迭代优化加密与解密的过程。这也是我们在项目化学习中的研究态度：从无到有，从有到精。

在此，通过梳理表格、对比改进、归纳反思的行动改进研究法，在试错与创新中发挥项目化学习的新方式对提升教师项目设计能力的积极作用。

两项目对比改进表

改进点	项目1：《设计和破解密室逃脱密码》	项目2：《密码加密设计与解译》
1.由指向知识本体到指向核心素养	指向知识本体，重点还是放在掌握新课中各因式分解方法，仅在首尾加入了密码加密与破解的情境创设，学生参与密码设置的时间和空间不充分，削弱了核心素养的培养	指向核心素养，知道解译密码需要输入正确的偏移量，通过规则制定、密钥表示、规则运用、解密实践等环节，学生在课堂中全程参与密码加密设计与解译。随着课程的开展，对规则进行补充，在逐步完善的过程中发现、分析、解决问题，加强数学抽象能力，发展运算能力和创新意识，真正体现以培养学生核心素养为本的教学理念
2.项目化学习与单元教学的结合度增强	项目化学习中的做事与本体知识学习存在"两张皮"现象，两者融合度较低，只是一头一尾引入了密码设计的情境，但不"贴肉"，学生活动参与度有待提高	经历学习密码学知识和因式分解各方法后，为密钥表示打下基础，整堂课学生都参与了密码加密设计与解译，项目味浓厚，项目化学习润物细无声地融入了日常单元教学之中。项目化学习与知识本体的双基落实双线交织，相辅相成，达到了统一与平衡，两者结合度增强

（续表）

改进点	项目1：《设计和破解密室逃脱密码》	项目2：《密码加密设计与解译》
3. 密码安全性、项目实用价值提升	呈现出设计密码形式单一、密码不安全等问题，加密很容易被破解，项目的实用性与价值不高。教师对学生设计、研究密钥的指导还有待加强	通过收集学生密码以及密码安全性分析，引发学生对于设计一组安全性较高的密码的好奇性，在引导课中回顾古典密码学发展历程，设计一种加密方式，并解释引入明文、暗文、加密偏移量、解译偏移量等概念，在加密和解译中增加破译难度，大大增加了密码安全性。对多项式中出现分数系数、首项为负、多元等情况作分类说明，从而保证解译的唯一性，增加实用性。
4. 小组合作实效改善	小组合作流于形式，小组合作讨论设密解译方案也不够充分，没有达到生生互动、思维碰撞的预期效果	通过前期指导培训，加强小组分工协调能力，组内有学生自编密钥，有学生设置明文和暗文，有学生计算偏移量，分工明确。小组之间各自出题互考，评选出密码安全员，提升学习自信，最大程度地发挥小组合作的效率

　　基于"因式分解"的项目化学习的设计与实施，从迭代中走来，在改进中成长，以创新促教学，长风破浪会有时，拨开云雾见光明。

五、 迭代激发思考，创新促学生成长

　　在迭代项目"密码加密设计与解译"设计与实施的过程中，笔者设计了一系列的问题激发学生思考，这些问题都是学生形成方案的范例，而学生在不断修订补充规则中完善方案，最终形成一个完全超越教师设计的方案。通过图1说明在迭代与创新中发挥加密与解译完善过程对教学相长的积极作用。

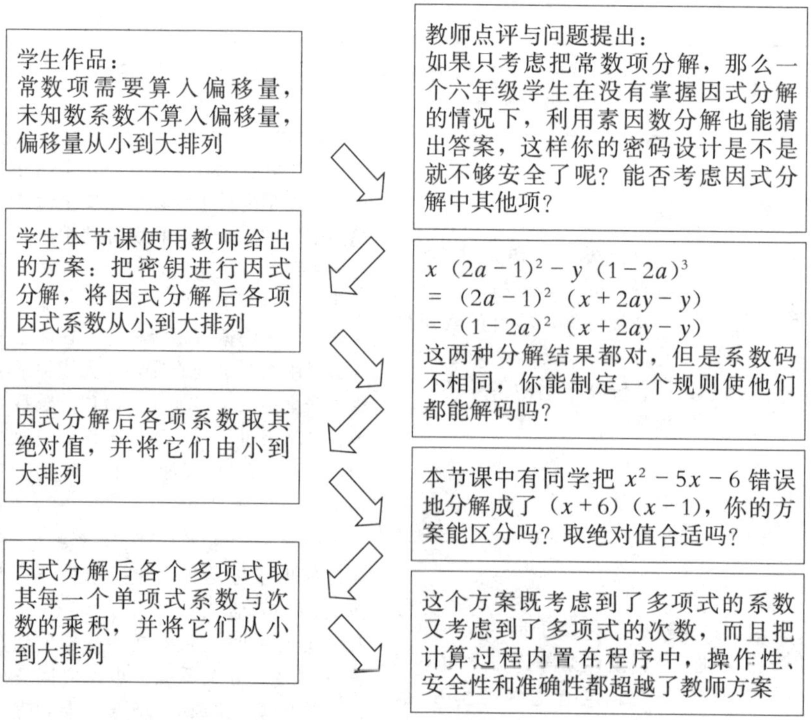

学生作品：
常数项需要算入偏移量，未知数系数不算入偏移量，偏移量从小到大排列

教师点评与问题提出：
如果只考虑把常数项分解，那么一个六年级学生在没有掌握因式分解的情况下，利用素因数分解也能猜出答案，这样你的密码设计是不是就不够安全了呢？能否考虑因式分解中其他项？

学生本节课使用教师给出的方案：把密钥进行因式分解，将因式分解后各项因式系数从小到大排列

$$x\ (2a-1)^2 - y\ (1-2a)^3$$
$$= (2a-1)^2\ (x+2ay-y)$$
$$= (1-2a)^2\ (x+2ay-y)$$

这两种分解结果都对，但是系数码不相同，你能制定一个规则使他们都能解码吗？

因式分解后各项系数取其绝对值，并将它们由小到大排列

本节课中有同学把 x^2-5x-6 错误地分解成了 $(x+6)(x-1)$，你的方案能区分吗？取绝对值合适吗？

因式分解后各个多项式取其每一个单项式系数与次数的乘积，并将它们从小到大排列

这个方案既考虑到了多项式的系数又考虑到了多项式的次数，而且把计算过程内置在程序中，操作性、安全性和准确性都超越了教师方案

图 1　学生递进完善项目作品

可以说学生从困惑迷茫走向迭代创新的道路不是凭空而来的，而是需要教师精心设计问题铺路。同时在项目化学习中呈现的作品不同于常规的作业题（答案是唯一的），作品的完善过程是无止境的，而在此过程中教师和学生一起不停地发现问题，迭代作品，这就是项目化学习中"教学相长"的价值所在。

经历该过程后，笔者对项目化学习新方式的探索总结了几点反思：

（1）搭建真实情境，激发学生兴趣

本项目背景利用了现实世界中密码加密过程中的偏移量等概念，由于是完全真实的情境，激发了学生的学习兴趣，也拓展了学生信息技术的知识面。而项目引导课中，学生学习密码加密的过程就是利用数学知识设计一组偏移量，从而达到了用数学的眼光观察世界。学生最终形成的作品能够用在现实世界中，在学为所用的过程中对自己的作品感到自豪。

（2）问题激发思考，从"双基"走向"四能"

在项目化学习的过程中，学生每一次的解密过程都需要进行一次因式分解，而每一次的分解结果都会激发学生思考自身设计的加密规则是否在此分解中适用，而一部分错误的因式分解结果也会激发学生思考自身设计的加密规则是否能分辨这一类错误。于是学生在夯实"双基"的基础上，能够发现问题、提出问题，然后合作讨论分析问题，最后在作品中解决问题，同时发展了抽象能力、运算能力、创新意识等数学核心素养。

（3）教师区域合作，项目迭代完善

项目式教学设计本身对于教师而言也是一次项目化学习。对于学生而言，他人完成的作品会激发学生思考如何进一步创新完善作品。同样地，笔者与黄浦区项目核心成员合力协作完成本文中两个案例设计，从最初的"设计和破解密室逃脱密码"实施后总结，由专家以及其他教师发现并提出问题，从项目背景真实性、探究课项目操作性等问题进行加强与完善，从而形成了迭代以后的"密码加密设计与解译"。迭代完善，精益求精，不仅激发了学生的核心素养发展，也对教师的专业能力的提升提出新挑战。

初中数学项目化学习的设计与实施还在路上。笔者经历设计实施了基于《因式分解》单元的"设计和破解密室逃脱密码"及迭代项目"密码加密设计与解译"后，从迭代与创新中汲取宝贵经验，反思改进措施，再探项目实践之路。敢问项目化学习的创新之路在何方？路在以迭代为基石铺垫的脚下，力争在上下求索中走出独特的课改之路。

融合单元教学与项目化学习方式
提升实践应用与迁移创新能力

——以沪教版"图形的运动"项目导引课的教学案例研究为例

上海市格致初级中学　杨晓韵

【摘要】 本文以沪教版《图形的运动》单元教学为载体，设计基于项目的学习。以导引课的教学案例为例，探讨单元教学与项目化学习方式的融合。将学生的学习置于真实的问题情境中，关注情境在知识生成及应用过程中的价值，有助于提升学生的实践应用与迁移创新能力。

【关键词】 项目化学习；单元教学；图形的运动；案例研究

一、案例设计前期分析

（一）学科项目化学习设计认识

夏雪梅教授综合巴克教育研究所、IB课程等提出的设计要素，将学科项目化学习的设计分解为如下六个维度：核心知识、驱动性问题、高阶认知、学习实践、公开成果、学习评价。这样系统、综合的思考，已经超出了原来的"教学设计"的范畴，是在知识观、学生学习、学习关系等多个层面上进行的统筹。

（二）数学单元教学设计认识

对于单元教学设计而言，学科的基础知识、基本技能和基本思想与方法等数学的本源仍是最核心的。开展数学学科的单元规划时，应把一个单元的学习内容作为主线，同时融合相关的数学思想方法、数学核心能力等，共同构成单元的知识结构。数学学科课程具有较为严谨的逻辑体系，因此一般情况下，可以沿用课本原有的逻辑架构，在此基础上完成单元规划。

（三）《图形的运动》内容分析

《图形的运动》是沪教版《数学》七年级第一学期第十一章的教学内容，根据课本结构，可以将整章作为一个单元。本单元涉及图形的平移、旋转、翻折这三种图形的基本运动（变换），属于并列结构单元，其知识结构图如图1所示。

图 1　单元知识结构图

本单元研究的是这三种图形的基本运动的基本特征及简单的对称问题。从教材内容的编排来看，教材采取以学生生活中的实例为背景，以"操作→表象→概念（性质）→简单应用"为主线。学生经过自己的体验，认识图形的运动及图形的对称性，一方面便于学生理解知识的形成过程，另一方面可激发学生参与学习活动的积极性。

二、案例设计

（一）单元项目设计

基于以上前期（背景）分析，笔者以"标志设计"作为切入点，设计基于《图形的运动》单元的数学项目化学习方案。

在一些著名的商标、会标等标志设计中，常常会运用图形的平移、旋转、翻折这类设计方法。所以,可以把生活中的标志作为本单元的真实情境,引导学生从身边的标志中发现蕴含的图形运动,从而提出本项目的驱动性问题"利用图形的运动设计一个标志"。

　　本项目包括四个学习任务:任务 1:认识生活中的标志;任务 2:学习标志设计中的常用"技巧";任务 3:感受标志设计中的对称美;任务 4:设计一个有意义的标志。四个学习任务之间的结构关系如图 2 所示。

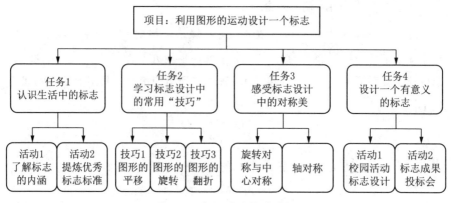

图 2　任务间的结构关系图

　　整个项目设计符合学科项目的"双线并行"特征:一方面,它的设计不脱离原有教材,是基于课程标准中的关键概念和能力;另一方面,又指向创造性、批判性思维、探究与问题解决、合作等重要的学科素养和学习能力。

(二)课时教学设计

　　以下以笔者的公开展示研讨课项目第一课时"项目导引"为例,呈现笔者是如何通过活动与任务,指导学生完成第一个项目任务,并引导学生理解整个单元项目的问题情境与任务规划的。

1. 情境创设,任务驱动

(1)真实情境:我们在生活中往往会看到很多不同的标志,比如车标、银行标志等各类商标,或者奥运会、国际数学大会等不同的活动会标。其中很多标志的设计都蕴含一定的数学知识与方法以及不同的设计内涵。

(2)任务驱动:请选择两个你认为设计出色的不同类型的标志,试着了解其设计背后的内涵，并说出你认为设计中含有的数学知识。

【设计意图】本环节作为课前活动布置给学生完成，目的是让学生在收集标志、了解标志含义、理解标志设计的过程中，充分感受到数学的生活化，学会用数学的眼光来观察世界。

对于这个环节，在设计初始，笔者是把它作为课堂活动的引入环节，学生根据老师展示的课件图片，说出自己理解的标志含义和设计方法中蕴含的数学知识。老师在选择图片上有主动权，能够选出更具有代表性的标志，更有利于把握课堂的节奏。但是基于项目化学习开展的特点，应该让学生参与整个项目，所以进行了上述的变动。

2. 学生交流，概念引入

(1)交流：学生分享、交流课前活动的任务成果。

(2)感知：利用图形的基本运动设计标志是一种常见的设计技巧。平面图形的三种基本运动有平移、旋转、翻折，它们的共性是运动后的图形形状与大小保持不变。

(3)启示：你认为优秀的标志设计具有什么共同点？

【设计意图】本环节是本节课的教学重点。学生通过分享、交流自己所了解的常见标志的设计含义及设计方式，知道平面图形有三种基本运动，感知到这三种运动的共性，体会用运动的观点看待静止的几何图形，初步感知图形变换的思想。而对于优秀标志设计具有的共同点思考，则为下一个活动环节进行了铺垫。

在确定以标志设计作为切入点进行项目设计时，上海市黄浦区教研员顾跃平老师就提出，我们生活中的标志大多是以平面图形进行呈现的，那么如何让学生在这些静止的平面图形中感受到图形运动这样的动态过程就是重中之重。同时，为了让学生能够对三种图形运动都有全面的感知，教师就需要提前审核与确定学生交流的内容。所以笔者对这一个环节的处理是，先收取学生的课前活动任务单进行概览，了解学生所收集的标志有哪些，然后确定几个具有代表性的标志让学生进行交流，并且根据选定的交流标志制作图形的运动相关动画，在学生交流后再进行全班演示，让学生充分感受到每个标志的动态设计过程。这样，既能对学生的交流内容与时间有所把握，又能突出本节课的重点。

3. 学生讨论，形成标准

(1) 明确驱动性任务：利用图形的运动为学校活动设计一个标志。

(2) 小组合作探究：在发现优秀标志设计的共同点的基础上，形成评价标志设计的标准。

(3) 各组代表交流：每个小组选派一位成员代表小组发言，交流小组讨论出的标准。

【设计意图】基于上一个环节学生对标志的了解与认识，提出本项目的总驱动性问题，并在小组交流与归纳的过程中初步形成对标志设计的评价标准，学会用数学的思维思考问题。

本环节的初始设计是学生通过讨论，明确之后完成驱动性任务的设计流程，比如应该基于所选定的主题选择一个主题元素，再结合图形的运动进行设计，把数学意义转化成人文意义，最后再进行色彩的选择和填充。但是以上是笔者的理想状态，在第一次试讲中发现，学生之前没有接触过类似的项目活动，因此小组归纳设计流程的推进过程不是很顺利。对于学生的要求比较高，从而导致学生的全员参与度有所降低。所以在学校教师与上海市黄浦区教研员陈磊老师的建议下，改为设计标志的评价标准，虽然对学生来说也有一定的要求，是这节课的教学难点，但是每个同学或多或少都能在之前的活动铺垫中感受到一两个方面。那么在进行小组讨论的过程中，每个学生都能参与，进而逐步把这些优秀标志的共同点进行分类与归纳，并赋予其一定的分值与权重，逐渐形成可行的评价标准，为项目最后的成果投标提供评判依据。

4. 项目介绍，引出单元

(1) 反思：利用图形的运动为学校活动设计一个标志，你目前有哪些困惑？

(2) 介绍：单元的项目规划与课时安排。

【设计意图】本环节作为课堂小结，引导学生对于自己完成项目成果所需的资源进行反思，提出自己的问题，渗透对学生批判性思维的培养；教师要做的就是为学生提供他们所需要的项目资源，从而引出我们整个单元项目涉及的学科概念（图形的运动）、学科技能（数学画图软件的使用）、学科素养（用数学的语言描述世界，形成作品）。

5.作业布置，指向成果

课后活动：以小组为单位对课堂上形成的评价标准进行进一步细化，完成评价表的制定。

【设计意图】在课堂小组交流中，可能会产生新的想法，那么就可以在课后与小组其他成员进行进一步完善，从而完成项目的第一个阶段任务。

三、 教学反思

初中数学课标提倡数学教学要与学生的现实生活相联系，学生在数学课堂上经历"数学生活化""生活数学化"的体验。所以基于教材单元内容，本课时的设计以真实情境为切入点设计驱动性问题，最后又通过解决问题，形成与实际生活相关的项目成果，整个过程中数学知识与生活实际不断碰撞、交融，学生在课堂教学的推进过程中能切实感受到数学来源于生活又回归生活。

在具体实施过程中，由于笔者刚开始接触项目化学习，设计与课堂呈现上还有一定的不足之处。感谢在整个过程中一起讨论的上海市黄浦区教研员和核心组成员，一起磨课的上海市格致初级中学的老师们。特别感谢北京项目组专家老师们的支持与指导。北师大专家团队的綦春霞教授在展示课后进行了指导。她首先肯定了单元项目设计的整体性以及以"设计标志"作为项目背景与现实生活的紧密联系；其次肯定了教师在本节课中设计的活动的逻辑性、连贯性以及项目资源的有效提供，从任务单的设计到板书的呈现，都为学生的活动与学习明确了方向与目标；最后肯定了在整个课堂中教师给学生提供的更丰富的展示时间，并且对学生的交流与展示有针对性的评价。在此基础上，綦教授还对一些细节方面的处理提出了意见与建议。比如对于评价标准的任务单中出现的"一级指标""二级指标"，这些描述对于学生来说可能太过术语化，难以理解，可以替换成学生容易理解的词语，并在学生讨论前进行进一步引导。在学生进行标准制定的交流后，要引导学生重点关注其中的数学意义，引导学生思考把数学加入设计中，能够变得更准确，使得这样的标志设计具有更科学的依据，而这也是需要始终贯穿于我们项目推进过程中的。

项目化学习是学生学习的过程，所以在整节课的实施过程中，教师充当的应该是一个引路人，在学生的探索路途遇到困难时进行引导，在学生的探索迷失方向时给予指引。这样，学生才能在学习过程中慢慢养成自己主动利用学科核心知识、学科特定活动的程序性知识等，去进行复杂推理、系统探究、发散思维、创意设计、批判思考、联系发现的习惯，从而提高解决陌生和高度不确定性问题以及发现新知识和新方法的能力。

在项目化学习中提升实践应用能力与学习素养

——以"布展方案设计"项目的设计与实施为例

上海市金陵中学　方婷婷

【摘要】 以项目化学习为载体，围绕沪教版《一元二次方程》单元，设计"布展方案设计"项目。以项目导引课为教学案例，探索学生在真实问题情境中主动发现问题及通过有意识地调动反思经历、灵活地迁移以往知识来解决问题的过程，提升实践应用能力与学习素养。在项目化学习中，教学设计遵循"问题—任务—知识"的思路，教师角色转变为问题的发现者、任务的引导者、过程的学习者，评价方式更完善。

【关键词】 项目化学习；一元二次方程；案例研究

一、项目缘起

《义务教育数学课程标准（2022 年版）》明确指出："学生的学习应是一个主动的过程，认真听讲、独立思考、动手实践、自主探索、合作交流等是学习数学的重要方式。"①项目化学习是指"学生在一段时间内，通过对真实

---

① 中华人民共和国教育部. 义务教育数学课程标准（2022 年版）[M]. 北京：北京师范大学出版社，2022：3.

有挑战性的问题进行持续探究，创造性地解决问题，形成公开成果，达到对核心知识的再建构与思维迁移"[①]。项目化学习教学以用数学方法解决现实问题为主，其目标是引导学生发现解决现实问题的关键要素，用数学的思维分析要素之间的关系并发现规律，培养模型观念，经历发现、提出、分析、解决问题的过程，培养应用意识。

项目化学习强调知识的获得来源于对真实问题的认识和解决的过程，当在学习中遇到问题时，问题本身推动着解决问题和推理技能的应用，同时也激发了学生自行查找信息、学习关于此问题的知识结构以及解决问题的方法。

二、 项目设计与实施

（一）确定项目背景

"一元二次方程"是沪教版《数学》八年级第一学期第十七章的教学内容（知识结构如图1所示），目标是能从生活情境、数学情境中抽象概括出方程概念和规则，掌握相关的运算求解方法，合理解释运算结果，形成一定的运

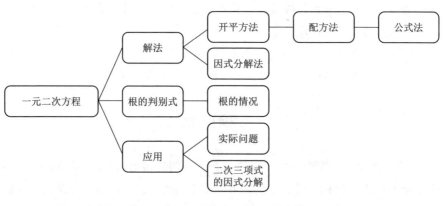

图1　"一元二次方程"知识结构图

---

① 夏雪梅. 项目化学习设计：学习素养视角下的国际与本土实践［M］.北京：教育科学出版社，2021：10.

算能力、推理能力和抽象能力。

　　项目化学习既要以课程标准要求的学科学习内容为核心，又要以学生身边真实的问题为载体。笔者了解到近期学校开展"商品嘉年华暨中国古代商品史课成果展"活动，由八年级学生承担布展任务，并在学生中引起热议。由此联想到八年级第一学期数学教材中有一道利用一元二次方程解决"围栏问题"的例题，笔者以此问题作为出发点，将"商品展布置"与《一元二次方程》教学单元相融合，开展单元项目化学习设计与实施。

（二）设计项目任务

　　基于对知识结构与学习目标的分析，将一元二次方程的概念、解法、根的判别式部分内容作为单元主体知识；结合项目化学习设计的"6A标准"①，即围绕真实情境、严谨规范、知识应用、主动探究、成人参与、评价实践等六个维度开展项目化学习的设计，笔者设计了"布展方案设计"的单元项目化学习。

　　本项目以布展方案设计作为任务主线，以"一元二次方程"的学习作为知识线，侧重研究布展中常见的功能区域划分与线路规划设计，运用一元二次方程解决实际问题。通过建立长方形中边长与面积间的等量关系，为布展方案的存在性、合理性、最优性提供支持与方法。学生分小组明确任务后，进行布展的方案设计，并举行评比活动，评选出优秀设计作品推荐给学校进行布展，形成"明确要求—方案设计—实践演练—反思改进"的全过程，如下表所示。

"布展方案设计"项目整体规划表

课程	驱动性问题	核心知识	核心素养	计划课时
导引课	如何设计成果展？	寻找未知量与已知量之间的等量关系	模型观念 几何直观 抽象能力	1

---

　　① 何声清，綦春霞. 国外数学项目学习研究的新议题及其启示［J］. 外国中小学教育，2018（1）：64—72.

（续表）

课程	驱动性问题	核心知识	核心素养	计划课时
探究课	如何在布展中设计含有正方形、圆形、扇形的元素？	一元二次方程的解、开平方法解一元二次方程	运算能力 模型观念 几何直观	1
	如何在布展中利用"围栏"进行功能区划分？	配方法解一元二次方程	运算能力 模型观念 几何直观	1
	你的布展方案设计可以实现吗？	公式法解一元二次方程及根的判别式	运算能力 模型观念 几何直观	1
	如何在活动区内设置动线？	因式分解法解一元二次方程	运算能力 模型观念 几何直观	1
展示课	布展方案招标会		创新意识 语言表达 质疑反思	1

（三）项目实施

现以一节公开展示研讨课"项目导引"课为例，呈现出笔者不断通过任务与活动，在"发现问题—提出解决方法—利用数学知识—解决问题"中向前推进，学生在做事的过程中学习知识、发展思维。

1. 情境引入，任务驱动

(1) 真实情境： 近期我校将在篮球场举办"商品嘉年华暨中国古代商品史课成果展"活动，主要由四部分内容组成，分别为：①商品的展示；②游戏竞技；③知识竞答；④商品销售。

(2) 任务驱动： 篮球场是宽 17 米、长 27.6 米的长方形，将其先划分成四个区域，每个区域对应一项活动，考虑到不同活动对场地面积的需求不同，你会怎么设计呢？

【设计意图】本环节作为课前活动布置给学生完成，目的是明确驱动性任务，即为学校设计商品嘉年华，学生通过查阅布展资料与前期调研，了解布展元素、设计方法、功能要求、安全实效、审美需要；学生通过划分四个区域，说出自己的设计思路及蕴含的数学知识，充分感受到数学在生活中的运用。此外，笔者在课堂展示中选择部分小组学生的方案图，这些设计图具有共性，能够引发学生共鸣，更有利于教师把握课堂节奏，如图 2 所示。

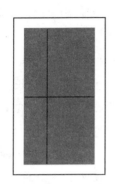

图 2　学生设计的布展方案图

2. 增加条件，引发问题

(1) 任务驱动： 在前期查阅资料中发现，为了观展的舒适与安全疏散要求，一般情况下展位的总面积约占该展厅面积的 60%，其余部分设计为道路。我们要如何确定道路的宽度呢？

(2) 尝试： 学生凭借经验选取路宽，再通过计算来验证其是否符合条件。结果发现在确定路宽时可能需要多次尝试、大量运算。

(3) 发现问题： 如何更合理地确定路的宽度？

(4) 提出方法： 引入未知数、建立方程来解决问题。

【设计意图】本环节将项目任务与本体知识相联系。学生在遇到困难时尝试各种解决方法，不仅经历了观察、猜想、验证的数学探索过程，也进一步思考并优化解决方法，结合自身的知识结构体系，自发地提出利用方程思想来解决，逐步形成模型观念，同时也为下一活动环节进行铺垫。

在预想学生提出凭经验确定路宽时，笔者根据指导专家的建议，提示学生借助计算器来验证猜想。学生只有经历了这个过程，真切地感受到它的烦琐，才会更迫切地去寻找其他解决问题的方法，在实践中提升应用能力。

3. 循序渐进，迁移运用

图形变换，由浅入深。教师将学生提交的方案设计图归类总结，按复杂程度由易到难抛出问题：①在外围设置一圈等宽的道路，要如何确定道路的宽度呢？②在活动区中设置两条通道呈"十字"形，且道路等宽，要如何确定道路的宽度呢？③外围道路等宽，中心"十字"形道路等宽，考虑到中心道路人流较多，若外围路宽是中心路宽的 0.8 倍，要如何确定道路的宽度呢？（见图 2）

实践操作，化归同源。图 2 左图中，呈现为一个完整的长方形，学生能够轻松设未知数、建立方程；而在中间的图中，四个长方形的边长未知，这对学生而言是个难点。教师在此提出问题：如何设未知数表示这四个零散的长方形面积之和？教师利用多媒体课件，让学生将图形平移，将四个零散的长方形转换成左图中的一个完整的长方形，成功帮助学生突破这一难点。随后，学生在面对既有外围道路又有中间"十字"形道路的问题时，已无须借助课件，能够直接迁移，利用图形平移将其"化零为整"，从而建立方程。

【设计意图】基于上一个环节学生提出利用方程来解决问题，自然就会引发如何从实际场景中抽象出方程表达式这一问题，体会用数学的眼光将实际问题转化为数学问题。

本环节是本节课的难点，笔者利用多媒体软件，将设计图中的各个区域制作成能任意拖动平移的组块。学生能够操作图形，将静止图形运动起来，使图形变化更直观，同时也使学生抽象的思维过程可视化，成功突破难点。在解决问题的过程中，学生体会了化归思想，提升几何直观、模型观念的数学核心素养。

4. 提升素养，渴望新知

(1) 回归任务：确定道路的宽度。**解决方法**：解出所列方程。

(2) 整理观察，发现问题：所列方程不是已学习过的方程。**解决方法**：通过与一元一次方程的类比，归纳出一元二次方程的概念。

(3) 提出解决方法：系统学习一元二次方程的解法。

【设计意图】经过环环深入，在本环节中学生已能有意识地调动反思经历，灵活地迁移以往知识来解决问题，学习能力和品质得到提升，同时也引出了我们整个项目的学科本体知识——一元二次方程的解法，这一知识的习得就显得非常迫切与必要。

项目化学习是载体，数学本位知识是核心，不仅在做事的过程中发展思维品质，也要能够落实学科要求。如何平衡这两者的关系是整节课成败的关键。笔者根据教研员的建议，在这一环节设计中加入一元二次方程概念的例题与练习，夯实学生的基础知识。

三、 总结反思

本项目以"布展方案设计"为线索，以确定路宽为驱动性子问题，学生在课堂教学过程中主动推进。在解决问题的过程中，生活实际与数学知识碰撞、交融，切实感受到数学来源于生活又运用于生活。

（一）教学设计更系统：问题—任务—知识

在项目化学习中，以"问题—任务—知识"的方式来开展单元教学设计，即围绕学生生活提出真实问题，在探究解决问题的过程中规划一系列任务，在实施任务的过程中学习掌握相关的知识和技能。以本单元为例，八年级学生承担学校商品展的活动，由此提出了"如何设计布展方案"这一核心驱动性问题，并围绕这一问题产生一系列子问题：活动场地在哪里？商品展中有哪些活动内容？它们的活动区域该如何确定？布展中要注意哪些安全要求？同学们更喜欢哪些活动？……围绕这些问题设计了对应的任务：测量场地、查阅资料、设计调查问卷、绘制设计图等；在确定商品展中的路宽、活动区域设计等任务中，学生试图利用方程来解决，引发了对一元二次方程及其解法学习的迫切性和必要性。因此，这是一个长时间、系统的教学设计，在"发现问题—提出解决方法—利用数学知识解决问题"中向前推进，在做事的过程中渗透数学的核心素养。

（二）教师角色更丰富：问题的发现者、任务的引导者、过程的学习者

在项目化学习中，教师是问题的发现者和开发者，教师既需要站在学生

的视角去发现身边的真实问题，还要将其与自身任教学科相融合，开发出具有挑战性、实践性、参与性、合作性的项目课程。教师作为任务的引导者，在一些关键时刻进行指导协调，将规划、设计、实施、探究活动更多地留给学生自主安排和决策，因此呈现出多样化、个性化的学生布展设计作品。项目化学习往往是多学科内容的深度交融，促使教师关注其他学科知识、不断更新知识储备；在项目实施中，不同学生在同一问题上会提出多种解决方案，这也促使教师多角度思考、综合考量，与学生一起投入和享受项目化学习的过程，真正做到教学相长。

（三）评价方式更完善：多元化评价

在项目化学习中，评价主体更加多元，不仅有教师（师评）、同伴（互评）的参与，还强调被评价者成为评价主体的一员（自评）；评价内容不仅包括知识技能，还有创新、合作、实践等综合能力上的发展，关注学生个性化成长需求；过程性评价与总结性评价有机结合，将成长档案袋、设计作品、常规作业、阶段练习等相融合，凸显评价的鼓励性与实效性，促进学生的自主学习能力。

四、后续思考

项目化学习与单元知识融合困难。项目化学习以解决真实问题为目的开展学习，数学教材则以知识线为逻辑串联起系统性的学科知识，因而在开展项目化学习时常常难以完全覆盖该教学单元的所有内容。在完成项目化学习的基础上，结合传统教学进行知识性学习，使学生的知识体系更加完整；选择单元中的一节内容开展微项目化学习，或许是平衡这一矛盾的有效方法。

预设目标与最终评价难统一。项目化学习更注重评价学生解决真实问题的能力，强调创新、协作、实践等综合素养。但实际上，中考成绩仍是进入高中阶段学习的重要依据，或许上海正在推进的中考录取改革，加入了学生综合素养的考察与评价，为我们的教育发展提供了新的方向。